아름다운 한식 상차림

저자 전정원 은요…

1981년부터 1988까지 한정혜 요리학원에 재임하다가
1989년부터 강인희 교수에게 사사 받고 2002년 1월에 조리 기능장을 획득했다.
특히 지난 1996년에는 일본의 오사카, 고베, 와까야마에서 한국요리강좌를 진행했으며
2002년 한·일 월드컵 때는 급식심의위원으로 위촉되기도 했다.
현재는 혜전대학 호텔 조리과 교수와 경기대학교 관광대학원 박사과정에 있다.
또 롯데문화센터와 중앙문화센터 요리교실에 출강, 우리음식 대중화에 열의를 쏟고 있다.

주요저서로는 「파티요리」, 「이유식, 간식」, 「찌개, 전골, 국」, 「아내에게 주는 요리책」,
「맛있는 보약요리 백과」, 「시골집 찌개, 일반찬 222가지」, 「우리가족 스태미너 요리 181가지」,
「국, 찌개」, 「태교 이유식」, 「한국의 죽」, 「맛있는 김치」, 「제철 맛 반찬」 등이 있다.

아름다운 한식 상차림

1판 1쇄 찍은 날 2003년 2월 28일
1판 3쇄 찍은 날 2009년 9월 1일

지은이	전정원
펴낸이	박형희
펴낸곳	한국외식정보(주)
	서울특별시 송파구 가락 2동
	147-2번지 현대파크빌
대표전화	02-443-4363
팩시밀리	02-448-4820
등록	1997년 12월 1일
편집책임	육주희
편집	홍주연
스타일링	노영희
요리 어시스트	손선영, 박현미(전정원 요리연구소 강사)
사진	권순철
원색분해	서울프로아트
인쇄	타라 T.P.S.
정가	12,000원
ISBN	89-87931-12-9 13590

이 책에 실린 모든 기사 내용과 사진은 무단복제해서 사용할 수 없습니다.

아름다운 한식 상차림

한국외식정보(주)

아름다운 한식 상차림, 책을 펴내며…

30여년동안 우리 음식에 대해 배우고 익히고 가르치면서 우리 음식의 종류와 조리법, 재료의 쓰임새와 다양함에 항상 감탄하곤 합니다. 우리 음식은 맛의 깊이는 물론 색감, 영양면에서도 부족함이 없을 뿐만 아니라 어디에 내 놓아도 칭찬을 받을만한 자격이 충분하다고 생각합니다.

이런 우리의 훌륭한 음식을 먼저 배우고 익힌 한 사람으로써 우리 음식을 새로운 감각으로 상차림해 후배들에게 전하고 싶다는 생각을 항상 갖고 있었습니다.

전통 음식을 배우고 가르치지만 '가장 한국적인 것이 세계적인 것이다' 라는 평범한 진리를 차치하고라도 모든 것이 세계화되고 있는 글로벌화 시대에 발 맞추고자 우리 음식 또한 차림새를 바꿔 정찬의 순서에 맞춰 전채요리, 주요리, 후식의 순으로 나누고자 노력했습니다.

우리 음식은 '찬 것은 차게, 따뜻한 것은 따뜻하게' 대접해야 최고의 맛을 느낄 수 있습니다. 또한 상차림에서 지나치게 많은 종류의 음식은 건강뿐만 아니라 소비에도 문제가 있으므로 때와 장소에 어울리는 적절한 상차림으로 시대변화에 맞춰 가고자 노력했습니다.

식생활은 살고 있는 지역의 기후와 풍토, 생활 양식, 문화에 따라 다양한 형태로 변화하고 발달하고 있습니다. 따라서 이제는 생활수준이 향상되면서 식문화도 단순히 허기를 채우는 것이 아니라 먹는 것을 즐기게 되었고 여러 가지 음식을 어우러지게 놓고 먹음으로서 자연스럽게 상차림이란 형태가 필요하게 되었습니다.

우리의 일년은 아름다운 사계절이 있습니다. 이에 따라 제철의 재료를 이용하면 더욱 아름다운 상차림을 할 수 있을 것입니다. 계절에 따라 다양한 재료를 선택해 서로 중복되지 않게 조리해 골고루 맛볼 수 있다는 것이 우리 음식의 가장 큰 자랑거리입니다. 여기에 음식마다 색깔이 멋스럽게 조화를 이룬다면 우리 음식의 아름다움이 더욱 돋보일 것입니다.

이에 우리 음식에 대한 사랑과 애착을 담아 계절에 따라, 재료에 따라, 세시(歲時)에 따라, 목적과 때에 따라 어떻게 상차림을 하는 것이 좋을 지를 제시해 보고자 이 책을 펴냅니다.

마지막으로 이 책을 펼 수 있도록 도움을 주신 모든 분과 전정원요리연구소의 손선영, 박현미 선생에게 고마움을 표하며 특히 아름다운 한식 상차림이 돋보이도록 애쓰신 노영희 선생께 깊은 감사를 드립니다.

2009년 9월
著 者

차례

책을 펴내며 ●5
목차 ●6
한국음식의 상차림 문화 ●8

제1부
일상식의 기본 상차림

반상차림 ●13
무장국 ●15
된장찌개 ●15
도라지숙채 ●16
쇠고기양념구이 ●16
대구전 ●17
오이숙장아찌 ●17

죽 상차림 ●19
흑임자죽 ●20
다시마튀각 ●20
젓국찌개 ●21
삼색북어포무침 ●21
호박죽 ●23
대추죽 ●23
잣죽 ●25
타락죽 ●25
전복죽 ●26
장국죽 ●26

면 상차림 ●27
월과채 ●29
북어전 ●29
쇠고기편채 ●31
낙지전골 ●33
온면 ●35
두텁떡 ●37
모과차 ●37

제2부
일품 밥 상차림

골동반 상차림 ●41
삼색전 ●43
닭마늘양념구이 ●45
골동반상 ●47
우메기 ●49
대추차 ●49

쌈밥 상차림 ●50
강된장찌개 ●52
굴비구이 ●52
장똑똑이 ●53
병어감정 ●53

전골 상차림 ●54
은행죽 ●54
해파리냉채 ●55
삼색밀쌈 ●57
버섯산적 ●59
더덕구이 ●59
두부전골 ●61
호박편 ●63

제3부
명절 상차림

설날 상차림 ●67
- 탕평채 ●68
- 녹두전 ●69
- 잡채 ●71
- 갈비찜 ●73
- 도미전골 ●75
- 떡만두국 ●77
- 장김치 ●77
- 잣강정 ●78
- 찹쌀부꾸미 ●79
- 유자화채 ●79

대보름 상차림 ●80
- 오곡밥 ●82
- 귀밝이 술과 부럼 ●82
- 아홉가지 나물 ●83
- 약식 ●84

추석 상차림 ●85
- 삼색나물 ●87
- 송이버섯과 쇠고기구이 ●87
- 닭찜 ●89
- 송이전골 ●91
- 조기조림 ●93
- 토란탕 ●93
- 송편 ●94
- 배숙 ●94

동지 상차림 ●97
- 팥죽 ●97
- 무시루떡 ●98
- 유자청 ●99

제4부
초대 상차림

봄 초대상 ●103
- 주안상·다과상 ●103
- 오이선 ●105
- 어선 ●105
- 안심편채 ●107
- 해물파전 ●107
- 대합구이 ●109
- 도미면 ●111
- 석류탕 ●113
- 진달래화전 ●114
- 진달래화채 ●115

여름 초대상 ●117
- 교자상 ●117
- 대하냉채 ●119
- 마부추전 ●119
- 임자수탕 ●121
- 편수 ●123
- 너비아니구이 ●123
- 수박화채 ●125
- 오미자편 ●125

가을 초대상 ●126
- 녹두죽 ●129
- 수삼냉채 ●129
- 구절판 ●131
- 사슬적 ●133
- 삼합 ●133
- 신선로 ●135
- 녹차다식 ●137

겨울 초대상 ●138
- 육포 ●141
- 잣솔 ●141
- 파강회 ●143
- 겨자채 ●143
- 어복쟁반 ●145
- 지짐누름적 ●145
- 은행단자 ●147
- 식혜 ●147

제5부
통과 의례 상차림

백일·돌 상차림 ●151
- 백일상 ●152
- 돌상 ●153
- 미역국 ●154
- 백설기 ●154
- 수수경단 ●155
- 찹쌀경단 ●155

함상 ●156

폐백상 ●158
- 구절판 만들기 ●160
- 참고문헌 ●164

한국음식의 상차림 문화

 인류는 살고 있는 지역의 기후와 풍토, 생활 양식, 문화에 따라 각기 다른 형태의 식문화를 발전시켜 왔다.

 고대에는 식물의 열매와 잎, 뿌리를 따 먹던 것에 불과했지만 불을 사용할 줄 알게 되고 문명이 발달함에 따라 다양한 형태로 조리해 먹게 되었으며 좀더 나아가 단순히 허기를 채우는 것이 아니라 먹는 것을 즐기고 안정을 찾게 되면서 여러 가지 음식을 어우러지게 놓고 먹음으로써 자연스럽게 상차림이란 형태로 발전하게 된 것이다.

상차림의 형태는 주거 형태와도 밀접한 관계에 있어 온돌 생활이 주를 이루었던 우리나라에서는 앉아서 먹기 편한 나즈막한 상에 차리는 형태로 발전하였으며 인원 수에 따라 상의 모양과 크기도 달라졌다.

　우리나라의 상차림은 크게 궁중의 상차림과 반가의 상차림으로 나눌 수 있는데 궁중의 상차림에 대해서는 또 다른 기회에 살펴보기로 하고, 이 책에서는 대중적으로 발달해 온 반가의 상차림을 중심으로 소개하고자 한다.

제 1 부

일상식의 기본 상차림

•••••••• 반가에서 치러지는 상차림 형태는 어떤 기준으로 나누느냐에 따라 여러 가지로 분류되는데 크게는 일상식, 의례 음식, 접대 음식 등으로 나누어 볼 수 있다.

일상식이란 매일매일 차리는 하루 세끼의 밥상을 이르는 것이고, 의례 음식은 사람이 태어나서 죽기까지 거쳐야 할 통과의례 절차에 따른 의식을 겸한 음식을 말하며, 접대 음식은 말 그대로 손님 접대를 위한 음식이다. 이처럼 어떤 목적을 가지고 음식을 차리느냐에 따라 상차림의 형태가 달라진다.

이외에도 기호식을 중심으로 나눈다면 술을 주로 한 주안상과 음료와 떡을 위주로 한 다과상으로 나눌 수 있으며 명절 음식을 위주로 한 상차림, 특정 음식을 주제로 한 다양한 상차림이 가능하다. 뿐만 아니라 전통 상차림의 경우는 사람 수에 따라 독상, 겸상, 두레상, 교자상으로 분류되기도 한다.

•••••••• 일상식의 기본 상차림에서는 반가의 생활을 기본으로 주식이 무엇이냐에 따라 달라지는 기본 상차림 3가지 즉, 밥이 주가 되는 반상과 미음 또는 죽이 기본이 되는 죽상, 면이 주가 된 면상(장국상이라고도 한다)차림이 있다.

반상 차리기(5첩 반상)

조리법		계절	봄	여름	가을	겨울
기본 음식	밥		보리밥	완두콩밥	흰밥	팥밥
	국		애탕	조기맑은국	미역국	무국
	장류		청장·초장	청장·초장	청장·초장	청장·초장
	김치		배추김치	오이소박이	깍두기	배추김치
			나박김치	열무물김치	나박김치	동치미
	찌개		달래된장찌개	호박젓국찌개	순두부찌개	된장찌개
찬	생채 또는 숙채		두릅나물	도라지생채	쑥갓나물	삼색나물
	구이 또는 조림		병어조림	너비아니구이	제육구이	쇠고기 산적
	전유어		고기완자전	민어전	고추전	표고전
	장과		달래장과	오이갑장과	마늘장과	무말랭이장과
	마른찬 또는 젓갈		김자반	어리굴젓	북어무침	명란젓

방신영의 「우리나라 음식 만드는 법(1939)」에서 발췌

첩수와 반찬의 가짓수

구분	기본 음식							쟁첩에 담는 음식							
	밥	국	김치	장류	찌개	찜	전골	생채	숙채	구이	조림	전	장과	마른찬	젓갈	회	편육
3첩	1	1	1	1				택	1	택	1	×	택	1	×	×
5첩	1	1	2	2	1			택	1	1	1	택	1	×		
7첩	1	1	2	3	1	택	1	1	1	1	1	1	택	1	택	1
9첩	1	1	3	3	2	1	1	1	1	1	1	1	1	1	1	택	1

1. 반상차림

　반상이라 함은 밥을 주식으로 하여 차린 상차림을 통틀어 일컫는 것으로 특별히 임금님에게 올리는 것을 수라상이라고 불렀다. 반상은 반찬의 가짓수에 따라 3첩, 5첩, 7첩, 9첩, 12첩 등으로 나누어지며 여기서 첩이란 쟁첩(반찬을 담는 접시)에 담은 반찬의 가짓수를 말한다.
　반상차림에서 밥, 국, 찌개, 김치, 장류, 전골, 찜 등 기본이 되는 음식은 첩수에서 제외되며 생채, 숙채, 구이, 조림, 전, 장과, 마른 찬, 젓갈, 회, 편육 등만 첩수에 들어간다.
　대개 일반 서민 가정에서는 3첩 반상이 일반적이며 5첩 반상은 좀더 여유가 있는 가정의 상차림이있고 7첩 반상은 생신, 잔치 등 손님을 집대힐 때 차렸던 특별 상차림이다. 반면에 부유한 양반가에서는 보통 7첩, 9첩 반상을 차렸으며 12첩 반상은 수라상 차림으로 이쯤 되면 상 하나로는 부족해 반과나 반주를 따로 차린 곁상이 따랐다.
　하지만 가장 간소한 3첩 반상도 영양학적으로는 결코 부족하지 않은 합리적인 상차림이며 7첩, 9첩 정도의 상차림이라면 꽤 규모있는 손님 초대상으로도 손색이 없다.
　반상차림에는 일정한 규칙이 있다. 우선 반찬의 종류를 정할 때는 계절에 맞는 재료를 선택하며 서로 중복되지 않게 하고, 조리법 또한 서로 겹치지 않게 골고루 맛볼 수 있는 것으로 준비하며 음식 색깔의 조화에도 신경을 쓴다.
　반상은 종류에 따라 반찬을 놓는 위치가 정해지며 국물이 있는 음식은 오른쪽, 마른 찬은 왼쪽에 놓는데 이는 먹기 편하도록 배려한 것이다.
　옛날에는 웃어른에게는 독상을 차려드렸고 아이들과 여자들은 따로 상을 차렸기 때문에 독상을 차릴 경우와 겸상을 차릴 경우 반찬을 놓는 위치가 달라진다. 현대는 가족이 어울려 앉아 먹는게 보편화 되었으므로 밥그릇과 국그릇, 수저의 위치만 정확히 지키고 나머지는 가족 모두가 편히 먹을 수 있도록 놓으면 된다.

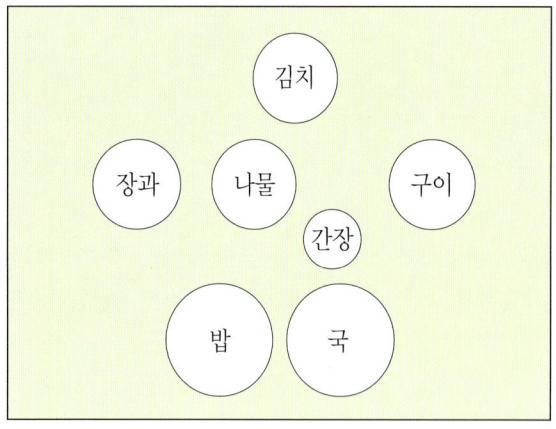

3첩 반상 반배도

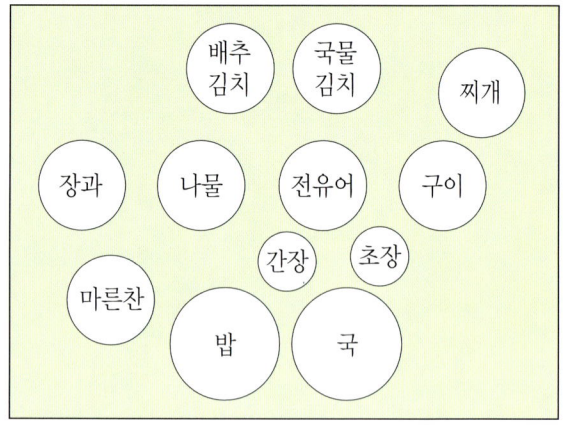

5첩 반상 반배도

| 5첩 반상 차리기의 실제 |
| 기본음식 | ①밥 ②국 무장국 ③김치 배추김치, 물김치 ④장류 초간장, 간장 ⑤찌개 된장찌개
| 찬품 | ⑥숙채 도라지숙채 ⑦구이 쇠고기양념구이 ⑧전 대구전 ⑨마른찬 삼색북어포무침 ⑩장과 오이숙장아찌

무장국

양념한 고기와 무를 볶다가 물을 부어 끓인 기본적인 맑은 국.
많은 양을 끓일 때는 먼저 양지머리를 푹 끓여 국물을 낸 뒤 무를 썰어 넣고 끓이기도 한다.

| 준비하기 |

무 200g
쇠고기 70g
물 5컵, 실파 40g
집간장 2큰술, 소금 약간

| 쇠고기 양념 |

간장 1작은술
다진 파 1큰술
다진 마늘 ½큰술
후춧가루 · 참기름 약간씩

| 만들기 |

1 무는 껍질째 깨끗이 문질러 씻은 뒤 껍질을 벗기고 사방 2cm 크기, 3mm 두께로 나박나박 썬다.
2 쇠고기(양지머리 또는 사태로 준비한다)는 무와 비슷한 크기로 납작하게 썰어 분량의 간장과 다진 파, 다진 마늘, 후춧가루, 참기름을 넣고 양념한다.
3 냄비에 양념한 고기와 무를 넣고 볶아 고기 표면이 익으면 물을 붓고 끓여 한소끔 끓어 오르면 위에 뜨는 거품을 걷어내고 집간장으로 간하여 끓인다.
4 무가 익으면 실파를 깨끗이 다듬어 4cm 길이로 썰어 넣고 불을 끈다. 간을 보아 싱거우면 부족한 간은 소금으로 맞춘다.

된장찌개

고기국물에 된장을 풀어 끓이다가 두부 호박, 양파, 고추 등 제철에 나는 야채를 넣어 끓인 대표적인 토속찌개. 물 대신 쌀뜨물을 넣으면 국물이 더 매끄럽고 맛 또한 구수하다.

| 준비하기 |

두부 ½모
호박 ½개
양파 ½개
쇠고기 50g(다진 파 · 다진 마늘 · 후춧가루 약간씩)
붉은 고추 1개
풋고추 1개
대파 1대
된장 1½큰술
고추장 ½큰술
쌀뜨물 3컵

| 만들기 |

1 두부는 사방 2cm 크기로 도톰하게 썬다.
2 호박은 반달 모양으로 도톰하게 썬다.
3 양파는 도톰하게 채썰고 붉은 고추, 풋고추, 대파는 어슷하게 썬다. 어슷 썬 고추는 씨를 대충 털어낸다.
4 쇠고기는 두부 크기로 납작하게 저며 썰어 다진 파, 다진 마늘, 후춧가루로 양념한다.
5 냄비 또는 뚝배기에 ④의 양념한 쇠고기를 볶아 고기 표면이 익으면 쌀뜨물을 붓고 된장과 고추장을 체에 풀어 넣어 끓인다.
6 토장국물이 한소끔 끓으면 먼저 양파와 호박을 넣고 끓이다가 두부와 대파, 붉은 고추, 풋고추를 넣어 끓인다. 맛이 어우러지면 불을 끈다.

도라지숙채

익힌 나물을 숙채라고 한다. 도라지를 살짝 데친 후 양념해 육수를 조금 부어
볶으면 양념 맛도 잘 배고 훨씬 더 부드럽다.

| 준비하기 |

통도라지 200g(소금)
쇠고기(양지머리)육수 ½컵
다진 파 1큰술
다진 마늘 1작은술
소금 1작은술
깨소금 1작은술
참기름 ½큰술

| 만들기 |

1 껍질 깐 통도라지는 길이로 반을 갈라 끓는 물에 소금을 조금 넣고 부드럽게 데친다.
2 부드럽게 데친 도라지를 4cm 길이로 넓적하게 저며 썰어 다진 파와 마늘, 소금, 깨소금으로 양념한다.
3 냄비에 양념한 도라지를 볶다가 양지머리를 푹 고아 기름기를 말끔히 걷어 낸 육수를 넣어 아주 부드러워질 때까지 약한 불에 볶는다.
4 마지막에 참기름을 넣고 잠깐 볶아 고소한 맛을 살린다.

 도라지를 생채로 무칠 때는 가늘게 찢고 숙채로 볶을 때는 넓적하게 저며 썰어야 음식이 깔끔하다.

쇠고기양념구이

쇠고기는 연한 것으로 준비해 양념장을 넣고 주물러
재어 두었다가 석쇠나 팬에 구운 고기 요리.

| 준비하기 |

쇠고기(안심 또는 등심) 150g
식용유 적당량

| 고명 |

잣가루 약간

| 쇠고기 양념 |

간장 1½큰술
꿀 1작은술
설탕 ½작은술
다진 파 ½큰술
다진 마늘·깨소금 ½작은술씩
참기름 ½작은술
청주 ½큰술
후춧가루 약간

| 만들기 |

1 쇠고기는 등심이나 안심으로 준비해 기름기가 많은 부분을 떼어내고 0.3cm 두께로 얄팍하게 썰어 준비한다.
2 분량의 간장에 꿀과 설탕, 다진 파, 다진 마늘, 깨소금, 참기름, 청주, 후춧가루를 섞어 양념장을 만든다.
3 준비한 양념장에 손질한 ①의 고기를 넣고 고루 주물러서 20~30분 정도 재어 둔다.
4 팬을 뜨겁게 달궈 열이 오르면 기름을 조금 두르고 양념장에 재어 둔 고기를 뭉치지 않게 한 장씩 펴서 굽는다. 한쪽 면이 충분히 익은 뒤에 한번만 뒤집어 익힌다.
5 구운 고기를 접시에 얌전히 담고 잣가루를 뿌린다.

대구전

흰 생선살을 도톰하고 넓적하게 포를 떠서 밑간한 다음 밀가루, 달걀물을 입혀
앞뒤로 노릇노릇하게 지진 생선 전유어다.

| 준비하기 |

대구살 100g
소금 약간
흰후춧가루 약간
밀가루 3큰술
달걀 1개
쑥갓잎 약간
식용유 적당량

| 만들기 |

1 대구살은 한입 크기로 약간 도톰하고 넙적하게 포를 떠서 소금, 흰후춧가루를 뿌려 밑간해 두었다가 간이 배면 키친타월로 살짝 눌러 표면의 수분을 제거한다.
2 달걀은 끈기없이 잘 풀어서 소금과 후춧가루로 간한다. 쑥갓은 깨끗이 씻어 한 잎씩 떼어 물기를 제거하고 준비해 둔다.
3 밑간해 둔 대구살에 앞뒤 골고루 밀가루를 묻혀 살살 털어낸다.
4 ②의 푼 달걀에 푹 담갔다 건져 기름 두른 팬에 놓고 윗면에 쑥갓잎을 얹어서 앞뒤로 노릇하게 지져낸다.

 전을 부칠 때는 반드시 재료의 수분을 제거하고 밀가루를 묻혀야 밀가루가 뭉치지 않고 부침 옷이 고루 입혀져 모양이 예쁘게 된다.

오이숙장아찌

숙장아찌는 장과라고도 하며 곰삭혀 먹는 장아찌와는 달리
만들어 바로 먹을 수 있게 재료를 익혀서 만든다.

| 준비하기 |

오이 1개(소금)
쇠고기 50g
표고버섯 2장
미나리 30g
실고추 약간
식용유 적당량

| 쇠고기 · 표고버섯 양념 |

간장 · 설탕 1작은술씩
다진 파 · 다진 마늘 1작은술씩
깨소금 · 참기름 1작은술씩
후춧가루 약간

| 만들기 |

1 오이는 소금으로 문질러 씻은 후 5cm 길이로 토막 낸 다음 다시 길이로 4등분해 가운데 씨부분을 저며내고 소금을 조금 넣고 훌훌 까불러서 10분 정도 절인 다음 꼭 짜 수분을 제거한다.
2 쇠고기는 곱게 채썰어 분량의 양념을 ⅔쯤 덜어 넣고 밑간해 둔다.
3 표고버섯은 미지근한 물에 불려 부드러워지면 밑동을 떼고 물기를 꼭 짠 뒤 가늘게 채썰어 남겨둔 고기 양념을 넣어 밑간한다.
4 미나리는 줄기로만 깨끗하게 다듬어 씻은 후 5cm 길이로 썬다.
5 뜨겁게 달군 팬에 기름을 약간 두르고 양념한 고기와 표고버섯을 볶다가 오이를 넣고 센불로 재빨리 볶은 뒤, 마지막에 미나리를 넣고 살짝만 볶은 후 불에서 내린다.
6 그릇에 담고 실고추를 짧게 끊어 얹는다.

※삼색북어포무침 만들기는 P. 21 죽상 참조

2. 죽 상차림

밥이 아닌 죽 또는 미음이 주식이 되는 상차림을 말하며 옛날 궁중에서는 이른 아침 초조반이나 점심의 간단한 낮것상으로 주로 차렸다. 요즘에는 아침식사 또는 환자식, 소화가 잘 안되는 노인들의 식사로도 많이 준비하며 상황에 따라 미음으로 대신하기도 한다.

죽은 흰죽, 잣죽, 깨죽, 흑임자죽, 녹두죽 등이 올려지며 미음으로는 차조, 인삼, 대추, 황률 등을 오래 고아 밭친 차조미음이나 찹쌀과 마른 해삼, 홍합, 고기를 한데 푹 고아 거른 삼합미음 등이 좋다.

죽상에 올리는 반찬은 국물김치와 맑은 찌개, 장(소금 또는 간장), 꿀을 기본으로 차리고 반찬은 부드러운 형태의 마른 찬과 자반 등을 올린다.

죽상 차림표

상의 종류	음 식 명
응이상	미음, 동치미, 꿀
미음상	응이, 동치미 또는 나박김치, 마른찬, 간장 또는 소금, 꿀
장국죽상	호박젓국, 마른새우볶음, 장똑똑이, 동치미, 간장
잣죽상	알젓국, 김부각, 장산적, 나박김치, 소금

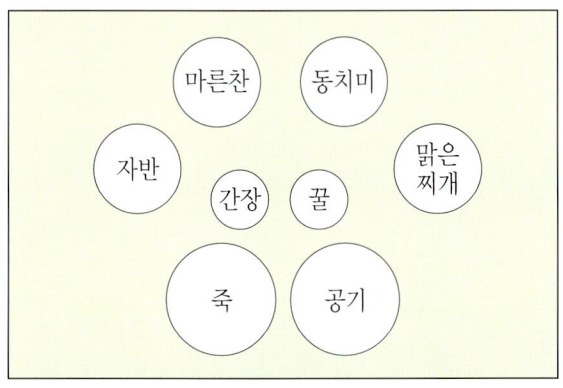

죽상 반배도

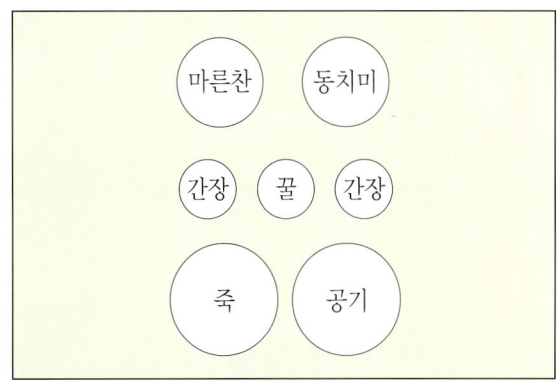

미음상 반배도

| 죽상 차리기의 실제 | 흑임자죽, 다시마튀각, 삼색북어포무침, 젓국찌개, 물김치

흑임자죽 (검은깨죽)

검은 깨와 불린 쌀을 곱게 갈아 쑨 죽.
특히 검은 깨는 기억력과 집중력 향상에 효과가 있다.

| 준비하기 |

검은 깨 ½컵
불린 쌀 ½컵
물 4½컵
소금 ½작은술
꿀 2큰술

| 만들기 |

1 검은 깨는 깨끗이 씻어 일어 체에 건져 놓아 물기를 뺀 뒤 마른 팬에서 깨가 통통하게 될 때까지 볶는다.
2 믹서에 볶은 깨와 물 3컵을 붓고 갈아 고운 체에 거른 뒤 체에 남은 것을 다시 믹서에 넣고 체에 거른 물을 조금 부어 갈아 다시 거른다. 이것을 2~3번 반복해 곱게 거르고 난 뒤 체에 남은 찌꺼기는 버린다.
3 불린 쌀과 물 1½컵을 믹서에 넣고 곱게 갈아 체에 거른다.
4 바닥이 두꺼운 냄비에 ②와 ③을 넣고 나무주걱으로 저어가며 중불로 은근히 끓여 죽이 잘 어우러지면 불을 끈다. 소금과 꿀은 따로 작은 종지에 담아내어 먹을 때 간하게 한다.

다시마튀각

손질한 다시마를 한입 크기로 약간 갸름하게 잘라
기름에 튀긴다.

| 준비하기 |

다시마 9cm 크기 1장
잣 1작은술
튀김기름 ½컵 정도
설탕 적당량

| 만들기 |

1 다시마는 약간 두꺼운 것으로 준비해 물기를 꼭 짠 젖은 행주로 깨끗이 닦은 뒤 폭 0.5cm, 길이 3cm의 크기로 자른다.
2 작은 팬에 기름을 ½컵 정도 넣고 데워 130℃ 정도(물기없는 야채를 넣어보아 바닥까지 가라앉았다가 잠시 후에 뜨는 상태)로 열이 오르면 손질한 다시마를 넣어 바삭하게 튀긴다.
3 다시마가 고루 튀겨지면 체에 건져서 여분의 기름을 뺀다.
4 설탕을 고루 뿌려 그릇에 담고 잣가루를 뿌린다.

요령있게 하면... 잣가루를 만들때는 고깔을 떼고 도마 위에 키친타월을 두툼하게 깔고 다져야 잣이 사방으로 튀지 않는다.

젓국찌개

새우젓이나 액젓 등 젓국으로 간을 한 찌개이다.

| 준비하기 |

두부 150g
굴 50g
실파 3뿌리
마늘 2쪽
붉은 고추 1개
풋고추 1개
새우젓 2큰술
물 3컵
소금 약간

| 만들기 |

1 두부는 사방 2.5cm 크기로 도톰하게 썰어 준비한다.
2 굴은 묽은 소금물에 살살 흔들어 씻어 체에 밭쳐 놓고 굴껍질을 떼어낸다. 굴은 뭉그러지지 않게 살살 재빨리 씻어야 굴의 향기를 제대로 맛볼 수 있다.
3 실파는 다듬어서 3cm 길이로 썰고 마늘은 채썬다.
4 고추는 어슷썰어 씨를 털어낸다.
5 새우젓은 곱게 다진다.
6 냄비에 물을 붓고 소금을 약간 넣어 끓인다. 국물이 한소끔 끓으면 손질한 두부와 굴, 마늘, 고추를 넣고 다시 한소끔 끓여 새우젓으로 간한 뒤 마지막에 실파를 넣고 불을 끈다.

삼색북어포무침

마른 북어포를 곱게 갈아 소금, 간장, 고춧가루 등 세가지로 색을 내어 무친 마른 찬.

| 준비하기 |

북어포 1마리
참기름 1큰술
설탕 2작은술
깨소금 1큰술
소금 $\frac{1}{2}$작은술
간장 2작은술
고운 고춧가루 1작은술

| 만들기 |

1 노랗게 부푼 황태포를 준비해 머리 부분을 잘라낸 다음 굵은 뼈와 가시를 발라내고 껍질을 벗긴다.
2 손질한 북어포는 살을 가늘게 뜯어 손으로 비벼서 부드럽게 보풀리거나 또는 잘게 뜯어 분쇄기에 곱게 갈아 보풀린다. 또는 면보를 깔고 강판에 갈거나 얇은 숟가락으로 박박 긁어 곱게 가루를 낸다.
3 보풀린 북어포에 우선 참기름을 넣어 부빈 뒤 설탕과 깨소금을 넣고 고루 비벼 양념한 다음 3등분한다.
4 3등분한 각각에 소금, 간장, 고운 고춧가루를 넣고 조물조물 무쳐 간과 색이 고루 들게 한다.
5 삼색의 북어포무침을 접시에 보기좋게 담아낸다.

호박죽

호박의 속과 씨를 말끔히 긁어내야 풋내가 나지 않는다.
비만, 당뇨, 회복기 환자, 위장이 약한 사람, 산모에게 좋다.

| 준비하기 |

늙은 호박 800g
물 4컵
찹쌀가루 ½컵
설탕 약간
소금 약간

| 만들기 |

1 늙은 호박은 속과 씨를 말끔히 긁어내고 껍질을 벗긴 뒤 적당한 크기로 얄팍하게 썬다.
2 냄비에 손질한 호박을 담고 분량의 물을 부어 호박이 푹 무를 때까지 끓인다.
3 ②를 믹서에 갈거나 굵은 체에 쏟아 호박을 곱게 으깨 다시 끓인다.
4 풀떡풀떡 끓으면 찹쌀가루를 풀어 넣고 저어가며 잘 어우러지도록 끓인 뒤 소금과 설탕으로 간을 한다.

대추죽

대추를 통째로 고면 쓴맛이 나므로 씨를 제거하고 끓인다.
대추는 열을 내리고 기침을 멎게 하며 변비예방, 노화방지, 신경안정에도 효과가 있다.

| 준비하기 |

불린 찹쌀 ½컵
대추 100g(20개 정도)
물 5컵
소금 약간
꿀 약간

| 고명 |
대추 약간

| 만들기 |

1 대추는 깨끗이 씻어 과육을 돌려깎아 씨를 제거한다.
2 씨 뺀 대추에 물 5컵을 붓고 약한 불에서 30분 정도 무르게 푹 끓인 후 한김 나가도록 식힌다.
3 믹서에 ②와 불린 찹쌀을 함께 넣고 곱게 갈아 체에 밭쳐 껍질은 버린다.
4 냄비에 ③의 대추와 쌀 간 것을 담아 약한 불에서 잘 저어가며 끓여 죽을 쑨다.
5 따뜻할 때 그릇에 담고 대추 과육을 동그랗게 말아 얇게 썰어 고명으로 얹어낸다. 기호에 맞게 소금과 꿀을 넣어 먹는다.

잣죽   대추죽

전복죽   장국죽

월과채

애호박이 많이 나오는 계절에 애호박과 고기, 표고버섯을 볶아 찹쌀전병과 섞어 깔끔하게 무친 음식이다.

| 준비하기 |

애호박 2개(소금)
쇠고기 80g, 표고버섯 3장
느타리버섯 5장, 식용유 적당량

| 애호박 양념 |

다진 파 1큰술
다진 마늘 ½큰술

| 쇠고기 양념 |

간장 2작은술 다진 파 1작은술
다진 마늘 ½작은술
깨소금·참기름 약간씩
후춧가루 약간

| 버섯 양념 |

간장 ½큰술, 다진 파 1작은술
다진 마늘 ½작은술

| 찹쌀전병 |

찹쌀가루 ½컵
소금 ¼작은술, 물

| 만들기 |

1 애호박은 양쪽 끝을 조금씩 잘라내고 길게 반으로 갈라 씨 부분을 도려내고 (숟가락으로 긁어도 된다) 반달 모양으로 썰어 소금에 살짝 절였다가 물기를 꼭 짠 다음 뜨겁게 달군 팬에 기름을 조금 두르고 다진 파, 마늘로 양념해 볶는다.

2 쇠고기는 가늘게 채 썰어 분량의 양념으로 밑간한 후 뜨겁게 달군 팬에 기름을 조금 두르고 물기없이 보슬보슬하게 볶는다.

3 표고버섯은 미지근한 물에 담갔다가 부드러워지면 밑동을 떼고 물기를 꼭 짠 뒤 가늘게 채썰고, 느타리버섯은 끓는 물에 살짝 데쳐 찬물에 헹군 뒤 물기를 꼭 짜고 가늘게 찢는다. 손질한 표고버섯과 느타리버섯은 분량의 간장, 다진 파, 다진 마늘로 양념해 볶는다.

4 찹쌀가루에 소금간을 하고 물을 부어 덩어리없이 잘 개서 묽게 반죽한다. 프라이팬을 뜨겁게 달궈 기름칠을 골고루 한 뒤 반죽을 부어 얇게 부쳐 식힌 다음 1cm×4cm 크기로 썬다.

5 볶아 둔 애호박과 쇠고기, 버섯을 찹쌀 전병과 한데 섞어 소금으로 간해 가볍게 무쳐 그릇에 담아낸다.

북어전

북어포를 부드럽게 손질해 기본 간을 해서 전을 부친 음식.
구수한 맛이 일품이다.

| 준비하기 |

북어포 1마리
소금·후춧가루 약간씩
생강즙 1큰술, 달걀 1개 정도
밀가루 적당량
식용유 적당량

| 고명 |

쑥갓잎 약간
잘게 썬 붉은 고추 약간

| 만들기 |

1 노랗게 잘 부푼 황태포로 준비해 머리 부분을 잘라내고 잠시 물에 담갔다가 건져 물기를 꼭 짠 다음 4cm 길이로 잘라 껍질쪽에 2~3번씩 칼집을 넣는다.

2 손질한 북어포에 소금, 후춧가루, 생강즙을 뿌려 재어 둔다.

3 간이 배면 ②에 앞뒤 골고루 밀가루를 묻힌 뒤 살살 털어낸다.

4 푼 달걀에 담갔다가 건져 열이 오른 팬에 기름을 조금 두르고 껍질쪽이 먼저 지져지도록 놓은 뒤 윗면에 쑥갓잎과 잘게 썬 붉은 고추를 두 세개씩 얹어 앞뒤로 노릇노릇하게 지져낸다.

쇠고기편채

삶은 쇠고기를 얇게 썰어 야채와 곁들여 담고
겨자소스로 맛을 낸 음식.

| 준비하기 |

쇠고기 양지머리 500g
(마늘 1통, 대파 1대)
오이 ½개
밤 5개
대추 5개
셀러리 1대
배 ½개

| 겨자소스 |

겨자 갠 것 1큰술
소금 ½작은술
설탕 2큰술
물 2큰술

| 만들기 |

1 쇠고기는 덩어리째 찬물에 20~30분쯤 담가두어 핏물을 뺀다. 냄비에 물을 4컵 정도 붓고 끓으면 핏물 뺀 고기와 마늘, 대파 등을 넣고 중불로 1시간쯤 삶은 뒤 고기를 건져내 식힌다.

2 오이는 5cm 길이로 토막내 돌려깎은 후 곱게 채썰어 찬물에 담가두었다가 빳빳하게 물이 오르면 건져 물기를 턴 뒤 다시 마른 면보에 싸서 물기를 제거한다.

3 밤은 껍질을 벗기고 곱게 채썰어 찬물에 담가 두었다가 건져 물기를 제거하고, 대추는 돌려깎기하여 씨를 제거하고 과육만 곱게 채썬다.

4 셀러리는 줄기로만 준비해 필러로 겉면의 껍질을 얇게 벗겨내고(섬유질을 제거하는 과정) 5cm 길이로 토막내 곱게 채썰어 찬물에 담가 두었다가 건져 물기를 제거한다.

5 배도 셀러리와 같은 크기로 채썰어 준비한다. 채썬 배는 설탕물에 담가두었다가 건지면 색이 변하는 것을 막을 수 있다.

6 삶아 식힌 양지머리 편육을 얇게 썰어 접시에 가지런히 담고 오이, 밤, 셀러리, 배 등 채썬 재료들을 한데 섞어서 가운데에 보기좋게 담는다.

7 분량의 재료를 고루 섞어 겨자소스를 만들어 함께 곁들인다.

낙지전골

낙지를 손질하여 여러 가지 야채와 곁들여 즉석에서 끓여먹는 전골.

| 준비하기 |

낙지 1마리
쇠고기 80g
느타리버섯 150g
표고버섯 5장
팽이버섯 1봉지
실파 100g
양파 ½개
붉은 고추 2개

| 국물 |

육수 3컵
국간장 1큰술
소금 1작은술
후춧가루 약간

| 낙지 양념 |

간장 ½큰술
다진 파 1큰술
다진 마늘 ½큰술
다진 생강 ½작은술
소금 · 깨소금 약간씩

| 쇠고기 · 버섯 양념 |

간장 1큰술
다진 파 2작은술
다진 마늘 1작은술
깨소금 · 참기름 약간씩
설탕 · 후춧가루 약간씩

| 만들기 |

1 낙지는 머리 속에 든 먹통이 터지지 않게 가위로 가운데를 잘라 내장과 함께 먹통을 잡아 떼내고 소금을 뿌려 주물러 씻어 깨끗이 헹군 뒤 8cm 길이로 썬다. 머리도 비슷한 크기로 썰어 분량의 양념으로 밑간해 10분 정도 재어 둔다.

2 쇠고기는 채썰어 분량의 양념을 넣어 밑간해 둔다.

3 느타리버섯은 끓는 물에 소금을 약간 넣고 데쳐 찬물에 헹구어 물기를 짜 길이로 2~3번 찢고, 표고버섯은 부드럽게 불려서 밑동을 떼고 물기를 꼭 짠 뒤 굵직하게 채썰어 나머지 양념으로 각각 무친다. 팽이버섯은 밑동의 뭉친 부분을 잘라내고 적당한 굵기로 가닥을 나눈다.

4 실파는 다듬어 5cm 길이로 썰고 양파는 굵게 채썬다.

5 붉은 고추는 길게 반 갈라 씨를 뺀 후 길게 채썬다.

6 육수 3컵을 준비해 국간장과 소금, 후춧가루로 간한다.

7 전골냄비에 먼저 양파를 깔고 가운데 양념한 쇠고기를 얹은 다음 양념한 버섯, 실파, 붉은 고추를 양쪽으로 나누어 보기좋게 돌려 담는다.

8 간을 맞추어 놓은 ⑥의 육수를 붓고 끓인다. 한소끔 끓고 나면 가운데에 양념한 낙지를 얹어 살짝 끓인다.

요렇게 하면... 낙지는 오래 끓이면 단단해지고 질겨지므로 잠깐만 끓여 먹어야 연하게 씹히는 맛을 즐길 수 있다.

온면

맑게 끓인 쇠고기 장국에
가느다란 국수를 삶아 말아 먹는 깔끔한 국수 요리.

| 준비하기 |

소면 500g

| 국물 |
양지머리 600g
(대파 1대, 마늘 1통)
물 10컵
소금 ½작은술
집간장 2큰술
후춧가루 약간

| 쇠고기볶음 |
쇠고기 50g
간장 1작은술
다진 파 ½작은술
다진 마늘 ½작은술
설탕 ½작은술
후춧가루 약간
참기름 1작은술
깨소금 ½작은술

| 표고버섯볶음 |
표고버섯 3장
간장 ½큰술
설탕 1작은술
식용유 적당량

| 달걀지단 |
달걀 1개, 식용유 적당량

| 오이볶음 |
오이 1개, 소금 약간
식용유 적당량

| 만들기 |

1 양지머리는 덩어리째(또는 크게 2~3등분해서)찬물에 20분쯤 담가 핏물을 뺀 뒤, 물 10컵쯤을 붓고 파잎, 마늘 등을 넣어 푹 삶는다. 한소끔 끓으면 중불로 줄여 국물이 6컵 정도 될 때까지 1시간 정도 끓여 맛있는 육수를 준비한다. 고기는 건져내고 국물은 기름을 걷어 낸 다음 소금과 집간장, 후춧가루로 간해 준비한다 (쇠고기편채를 만들고 난 육수를 이용하면 된다).

2 고명으로 쓸 쇠고기는 채썰어 양념한 후 물기없이 보슬보슬하게 볶는다.

3 표고버섯은 미지근한 물에 부드럽게 불려서 밑동을 떼고 물기를 꼭 짠 뒤 채썰어 간장과 설탕으로 양념해 기름 두른 팬에 볶는다.

4 달걀은 노른자와 흰자로 나누어 얇게 황백 지단을 부쳐 채썬다.

5 오이는 5cm 길이로 토막내 돌려깎기한 후 굵게 채썰어 뜨겁게 달군 팬에 기름을 두르고 소금으로 간하여 센불에서 재빨리 파랗게 볶아낸다.

6 큰 냄비에 물을 넉넉히 부어 팔팔 끓으면 국수를 헤쳐 넣고 삶는다. 끓어서 냄비 가득 하얀 거품이 올라오면 찬물을 1컵쯤 붓고 다시 끓으면 또 찬물을 1컵쯤 더 부어 끓으면 불을 끈다. 국수는 재빨리 찬물에 헹궈 타래를 지어 체에 건져 놓아 물기를 빼둔다.

7 ①에서 준비해 둔 국물을 다시 팔팔 끓인다. 그릇에 삶은 국수를 담고 뜨거운 국수 국물을 부었다 따라내기를 두세번 반복해(토렴이라고 한다) 국수가 따뜻해지면 따끈한 국물을 부은 다음 고기와 버섯, 달걀지단, 오이 등 준비한 고명을 보기좋게 얹어낸다.

요렇게 하면… 삶은 고기는 건져서 얇게 썰어 초간장을 곁들여 편육으로 내거나 또는 앞에서처럼 쇠고기편채를 만들어 곁들이면 또다른 한가지 음식이 된다.

1. 골동반 상차림

밥에 여러 가지 나물과 쇠고기볶음, 튀각, 묵 등을 얹어 비벼 먹는 비빔밥에 대한 기록은 1800년대 말엽의 요리서인 「시의전서」(是議全書)」에 처음으로 나타나 있는데 여기에서 비빔밥을 골동반(汨董飯)이라 표기하고 있다. 이는 여러 가지 물건을 한데 섞는 것이란 뜻의 골동에서 골동반 즉, 비빔밥의 어원을 짐작할 수 있다.

그렇다면 비빔밥의 문화는 언제부터 시작된 것일까? 문헌에 나타난 것은 1800년대 말엽이지만 그 시작은 훨씬 오래 전부터 있었던 음복(제사 후 음식을 나누어 먹는 풍습)에서부터 비롯된 것으로 본다. 식기가 넉넉지 않아 한 그릇에 밥을 담고 그 위에 제사 음식들을 조금씩 얹어 한데 섞어 먹었던 것이 곧 지금의 비빔밥 문화의 시초였을 것이라 보는게 일반적인 견해다.

물론 시의전서에 나타난 비빔밥은 오늘날의 비빔밥과는 무척 다르지만 계절의 맛을 느낄 수 있도록 봄에는 청포묵, 초여름에는 쑥갓, 늦가을에는 고춧잎, 깻잎, 겨울에는 햇김 등을 사용한 것으로 전해진다.

오늘날 비빔밥은 지역마다 특색있게 발전해 왔으며 그 중에도 전주비빔밥과 진주비빔밥이 가장 유명하며 주재료가 무엇이냐에 따라 닭고기비빔밥, 산채비빔밥 등 다양한 맛을 낼 수 있다. 비빔밥에 곁들여지는 국은 콩나물국이나 무맑은국, 북어국과 같은 맑은 국이 좋으며 김치는 나박김치, 동치미, 백김치 그리고 반찬은 나물과 전, 부침 등을 곁들인다.

| 골동반 상차리기의 실제 |
앞에 내는 음식 삼색전(호박전, 생선전, 새우전), 닭마늘양념구이
식사 골동반, 약고추장, 쇠고기무국
후식 우메기, 대추차

········· 반상이 밥과 반찬을 골고루 차려 놓고 먹는 것이라면, 일품 밥 상차림은 이를 좀더 간편화 한 것이라 할 수 있다.

현대에는 여자들의 사회활동이 점차 많아지고 가사에 쏟는 시간이 점점 줄어들어 옛날처럼 격식을 갖춘 상을 차리기란 쉽지 않다. 따라서 일품 밥 상차림은 전통적인 반상차림을 할 수 없을 때나 또는 별미를 맛보고 싶을 때 특히 좋다. 일품 밥 상차림을 차릴 때에는 이왕이면 계절의 멋도 함께 느낄 수 있는 시절식으로 준비하되 밥과 반찬으로 차린 반상처럼 맛과 영양을 고루 취할 수 있게 신경을 쓴다.

········· 일품 밥 상차림에 좋은 메뉴로는 골동반(비빔밥)이나 영양솥밥, 콩나물밥, 여름철의 쌈밥, 겨울철에는 국밥이나 탕반, 무밥, 또는 푸짐한 전골을 주로 한 상차림 등을 추천할 만하다. 그 외에도 한식 메뉴를 변형시켜 점심 등에 간단하게 즐길 수 있는 김치볶음밥, 불고기덮밥도 좋다.

이들 일품 밥 상차림에는 주가 되는 밥 외에 국물과 김치 정도면 간단한 상차림이 될 수 있고 조금 더 격식을 갖춰 전유어와 반찬 2가지 정도를 더 준비하면 간단한 손님 초대상으로도 손색이 없다.

제 2 부

일품 밥 상차림

두텁떡

조선시대에 궁중에서 잔치 때에 만들던 떡으로 합병 또는 봉우리떡이라고도 한다.

| 준비하기 |

찹쌀가루 5컵
집간장 1½큰술
꿀 5큰술, 설탕 ⅓컵
소금 ⅓큰술

| 팥고물 |

거피팥 5컵
집간장 3큰술
황설탕·흰설탕 1컵씩

| 소 |

밤 10개, 대추 10개
잣 2큰술, 호두 3개
볶은 팥고물 1컵
유자청 건지 2작은술
유자청·꿀 2큰술씩
계핏가루 1작은술

| 만들기 |

1 찹쌀가루에 집간장, 꿀, 물을 함께 섞어서 손으로 싹싹 비벼가며 섞어 체에 내린다. 찹쌀 5컵을 불려서 가루를 내면 11컵 정도가 나온다.
2 팥은 물에 담가 6시간 정도 불린 뒤 바락바락 주물러 휘휘 저어 위에 뜨는 껍질을 물과 함께 따라내기를 여러번 반복해 껍질을 완전히 벗기고 소쿠리에 쏟아 물기를 뺀 뒤 김이 오른 찜통에 면보를 깔고 30분 정도 푹 찐다.
3 팥이 뜨거울 때 절구로 쿡쿡 빻아 어레미에 내린 뒤 솥이나 두꺼운 냄비의 바닥과 옆에 기름을 바르고 여분의 기름을 키친타월로 닦아낸 뒤 팥가루를 쏟아 집간장, 황설탕, 흰설탕을 넣고 고루 섞어 약한 불에 보슬할 때까지 볶아 식힌 뒤에 다시 한번 어레미에 내려 팥고물을 완성한다.
4 밤은 까서 사방 0.5cm 정도로 네모나게 썰고, 대추는 씻어 건져 씨를 발라 내고 밤과 같은 크기로 썬다. 잣은 고깔을 떼어 깨끗이 닦아 놓고, 호두는 따뜻한 물에 담가 속껍질을 벗기고 작게 쪼갠다. 유자청 건지는 곱게 다진다.
5 볶아 둔 팥고물 1컵에 계핏가루, 유자청, 꿀, ④의 재료들을 모두 넣어 뭉쳐질 정도로 잘 섞은 다음 지름 0.5cm 정도 크기로 동글동글하게 뭉친다.
6 찜통이나 시루에 젖은 면보를 깔고 볶은 팥고물을 한켜 넉넉히 깐 후 ①의 양념한 찹쌀가루를 한숟가락씩 드문드문 놓는다. 찹쌀가루 가운데에 ⑤의 소를 하나씩 놓고 다시 그위에 찹쌀가루를 한숟가락씩 덮은 후 팥고물을 뿌린다. 같은 방법으로 사이사이에 계속해서 안쳐 김이 오른 찜통에 올려 30분 정도 찐다.

모과차

늦은 가을에 나오는 모과는 향이 좋을 뿐 아니라 기침, 해소 등에 효과가 있어 겨울철 음료로 좋다.

| 준비하기 |

모과 1kg
설탕 1kg

| 만들기 |

1 모과는 깨끗이 씻어 물기를 제거하고 길이로 8등분하여 3mm두께로 납작하게 썬다.
2 담아둘 병은 열탕 소독해서 물기를 말끔히 닦은 뒤 먼저 설탕 한켜 담고 모과 한켜 순으로 켜켜이 담은 뒤 맨 위에 설탕을 듬뿍 얹어 공기를 차단한 후 뚜껑을 덮어 20일 정도 재어둔다.
3 주전자에 물 1컵당 모과 3~4쪽과 모과청을 한 큰술 넣고 끓여 찻잔에 담는다. 많은 양을 끓여야 맛이 진하게 우러난다.

삼색전

몇 가지 재료를 이용해 전을 부쳐 한접시에 담을 때는
이왕이면 서로 색이 다른 재료들로 준비하는게 보기 좋다.

| 호박전 준비하기 |

애호박 100g
소금 약간
달걀 1개
붉은 고추 ½개
풋고추 ½개
밀가루 4큰술
식용유 적당량

| 호박전 만들기 |

1 호박은 0.3cm 두께로 동글동글하게 썰어 소금을 살짝 뿌려두었다가 수분이 배어 나오면 키친타월로 물기를 살짝 눌러 닦고 준비한다.
2 고추는 길게 반 갈라 씨를 제거하고 잘게 썰어 고명으로 준비한다.
3 준비한 호박에 앞뒤로 밀가루를 묻혀 탈탈 털어낸 뒤 달걀물을 묻혀 기름 두른 팬에 지진다. 윗면에 잘게 썬 풋고추와 붉은 고추를 보기좋게 얹어 앞뒤로 노릇노릇하게 익힌다.

| 생선전 준비하기 |

대구살 100g
소금·흰후춧가루 약간씩
밀가루 4큰술
달걀 1개
쑥갓 약간
식용유 적당량

| 생선전 만들기 |

1 대구살은 넓적하게 한입 크기로 포를 떠서 소금, 흰후춧가루를 뿌려 잠시 두었다가 수분을 제거한다.
2 달걀은 풀어서 준비한다. 쑥갓잎은 작은 것으로 한잎씩 떼어 준비해 둔다.
3 밑간한 대구살에 앞뒤 골고루 밀가루를 묻힌 뒤 여분의 가루를 털어내고 푼 달걀에 푹 담갔다가 건져 기름 두른 팬에 놓고 윗면에 작은 쑥갓잎을 얹어 앞뒤로 노릇노릇하게 지진다.

| 새우전 준비하기 |

대하 4마리
밀가루 4큰술
달걀 2개
소금·후춧가루 약간씩
식용유 적당량

| 새우전 만들기 |

1 대하는 머리를 잡아 떼고 꼬리 부분만 남긴 채 껍질을 벗긴 뒤 꼬치로 등쪽의 내장을 제거한다.
2 손질한 새우의 등쪽 곡선을 따라 칼집을 넣어 반으로 갈라 소금, 후춧가루를 뿌려 밑간한다.
3 간이 배면 앞뒤 골고루 밀가루를 묻힌 뒤 살짝 털어내고 달걀물을 묻혀 기름 두른 팬에 노릇노릇하게 지져낸다.

닭마늘양념구이

손질한 닭을 먹기 좋게 토막내서 밑간해
기름 두른 팬에 지져낸 다음 양념장에 조린 음식이다.

| 준비하기 |

닭 1마리(800g 정도)
소금·후춧가루 약간씩
식용유 적당량

| 조림장 |

마늘 5쪽
대파 1대
붉은 고추 2개
풋고추 3개
간장 3큰술
설탕 2큰술
참기름 약간
식용유 적당량

| 만들기 |

1 닭은 내장을 제거하고 깨끗이 씻은 뒤 찬물에 잠깐 담가두어 잡냄새를 없앤 후 손질하여 껍질을 벗기고 뼈를 발라낸 뒤 사방 5~6cm 크기로 토막내 소금과 후춧가루를 뿌려 밑간해둔다.

2 마늘과 대파는 굵게 다진다.

3 풋고추와 붉은 고추는 꼭지를 떼고 길게 반 갈라 씨를 제거한 뒤 잘게 썬다.

4 뜨겁게 달군 팬에 식용유를 두르고 기름이 뜨거워지면 밑간해 둔 닭을 놓아 앞뒤로 노릇노릇하게 지진다. 이 과정에서 닭에 있는 여분의 기름기가 빠져 고기 맛이 담백해진다.

5 팬에 기름을 넉넉하게(3큰술 정도) 두른 후 다진 마늘과 대파를 볶다가 간장, 설탕을 넣어 살짝 끓인다.

6 마늘과 대파 향이 나면 잘게 썬 고추를 넣고 지진 닭을 넣어 약한 불에서 윤기 나게 조린다.

골동반상

밥 위에 여러 가지 나물과 볶은 고기를 얹어 비벼 먹는 음식으로 영양적으로 균형 잡힌 한끼 식사가 될 수 있다. 비빔밥에 넣는 나물은 제철에 나는 것을 세 가지 이상 준비하면 된다.

| 골동반 준비하기 |

쌀 3컵, 물 3½컵

| 쇠고기볶음 |

쇠고기 100g
간장 2작은술, 참기름 1큰술
깨소금 1작은술, 청주 1큰술

| 표고버섯볶음 |

표고버섯 3장
간장·설탕 약간씩

| 도라지나물 |

통도라지 3개
다진 마늘 ½큰술
참기름 ½큰술, 육수 ½컵

| 시금치나물 |

시금치 80g, 소금 ½작은술
참기름 1작은술

| 호박·당근볶음 |

애호박 5cm 길이 1토막
당근 ⅓개, 소금 약간
식용유 적당량

| 기타 |

달걀 1개, 배 ⅓개
다시마 튀각·식용유 약간

| 약고추장 준비하기 |

고추장 1컵, 쇠고기 50g
배즙 ½컵, 설탕 ½컵
참기름 ¼컵, 설탕 1작은술

| 쇠고기 양념 |

간장 1작은술
다진 파 ½큰술
다진 마늘 1작은술
참기름·깨소금 1작은술씩
생강즙 1작은술
후춧가루 약간

| 만들기 |

1 쇠고기는 채썰어 분량의 양념으로 조물조물 무쳐 물기없이 보슬보슬하게 볶는다.
2 표고버섯은 부드럽게 불려 밑동을 떼고 물기를 짠 뒤 갓의 두터운 부분은 포를 떠서 가늘게 채썰어 간장, 설탕으로 조물조물 양념해 볶는다.
3 도라지는 가늘게 찢은 다음 소금에 바락바락 주물러 씻고 깨끗이 헹궈 쓴맛을 제거한 후 다진 마늘과 참기름으로 양념해 볶다가 육수를 넣고 뚜껑을 덮어 부드럽게 익힌다.
4 시금치는 다듬어 씻어 끓는 물에 소금을 약간 넣고 살짝 데친 뒤 찬물에 여러 번 헹궈 물기를 꼭 짠 다음 5~6cm 길이로 썰어 소금과 참기름으로 무친다.
5 호박은 반달 모양으로 썰어 하여 소금에 살짝 절였다가 물기를 짜고 센불로 기름 두른 팬에 살짝 볶는다. 당근도 너무 길지 않게 채썰어 기름 두른 팬에 넣고 소금간해 볶는다.
6 달걀은 노른자와 흰자를 나누어 황백으로 얇게 지단을 부쳐 채썬다.
7 배도 껍질을 벗기고 가늘게 채썬다.
8 다시마는 기름에 튀겨서 체에 건져 놓아 기름을 뺀 뒤 적당한 크기로 부순다.
9 밥을 시어 그릇에 담고 그 위에 준비한 재료를 얹고 약고추장을 넣어 비빈다.

요렇게 하면… 비빔밥에 얹는 고기와 버섯, 나물들은 모두 비슷한 크기로 썰어 준비한다. 다만 길이가 너무 길면 먹기에 불편하고 얌전치 않으므로 약 5~6cm 길이로 준비하는게 적당하다.

| 약고추장 만들기 |

1 쇠고기는 곱게 다져 양념한다.
2 배는 껍질을 벗기고 강판에 갈아 꼭 짜서 배즙만 준비한다.
3 두꺼운 냄비에 고추장을 담아 약한 불에서 20분 정도 저어가면서 충분히 볶는다.
4 ③의 고추장에 양념해 둔 고기와 배즙을 넣고 고기 입자가 보이지 않게 충분히 풀어 주면서 볶은 뒤 설탕을 넣고 좀더 볶다가 마지막에 참기름을 넣고 빛깔이 거므스름해질 때까지 볶아 완성한다.

요렇게 하면… 고기를 먼저 볶으면 고기가 딱딱해지므로 먼저 고추장을 볶은 후에 배즙이나 육수와 함께 고기를 넣고 볶아야 고기가 부드럽다.

우메기

기름에 지져낸 떡을 집청꿀에 담궈 쉽게 굳지 않게 만든 떡으로 개성주악이라고도 한다.

| 준비하기 |

찹쌀가루 1½컵
멥쌀가루 ½컵
설탕 ½컵
소금 ½작은술
막걸리 5큰술
튀김기름 적당량

| 고명 |

대추 2개

| 집청꿀 |

설탕 ½컵
물 ½컵
조청 ½컵

| 만들기 |

1 찹쌀가루와 멥쌀가루를 섞어 체에 친 다음 소금과 설탕을 넣고 고루 섞은 뒤 막걸리를 넣어 반죽이 귓밥 정도로 말랑해지게 반죽한다.
2 설탕 ½컵과 물 ½컵을 냄비에 담아 젓지 말고 그대로 끓여 설탕이 녹으면 조금 더 졸여 옅은 갈색의 시럽으로 만든 후 조청을 섞어 다시 한번 끓인 뒤 불을 끄고 식힌다.
3 대추는 씨를 발라내고 과육을 돌돌 말아 동그랗게 썬다.
4 ①의 반죽을 조금씩 떼어 손바닥 위에 놓고 굴린 다음 지름 4~5cm, 두께 0.8cm 정도로 동글납작하게 빚어 가운데를 손가락으로 살짝 눌러 약간 오목하게 만든다.
5 ④를 130℃의 기름에 5~6개씩 넣어 서로 붙지 않게 튀겨준다. 앞뒤로 뒤집으면서 옅은 갈색이 나면 꺼내 기름을 뺀다.
6 집청꿀에 담갔다가 건져 여분의 집청꿀이 빠지게 체에 건져두었다가 가운데 대추를 한개씩 붙여 접시에 담아낸다.

 튀김 팬의 크기에 따라 다르겠지만 튀겨지면서 부풀어 오르면 한꺼번에 많은 양을 넣지 않도록 한다. 또한 모양을 만들 때 반드시 가운데를 살짝 눌러 주어야 한다. 그렇지 않으면 부풀어서 공처럼 동그랗게 되어 제 모양을 낼 수 없다.

대추차

| 준비하기 |

대추 30개
물 1.8리터
꿀이나 설탕 적당량

| 만들기 |

1 대추는 물로 깨끗이 씻은 뒤 주전자에 넣고 분량의 물을 부어 끓인다.
2 한소끔 끓으면 불을 줄여 약한 불에서 물이 ⅔정도 줄도록 2시간쯤 은근히 끓인다.
3 대추물이 우러나면 체에 쏟아 주걱으로 가볍게 눌러 짜서 대추물을 밭치고 체에 남은 씨와 껍질은 버린다.
4 주전자에 체에 밭친 ③의 대추물을 넣고 줄어든 양만큼 다시 물을 붓고 설탕이나 꿀을 적당량 넣어 약한 불에서 2~3시간 정도 더 달인다.

2. 쌈밥 상차림

한국 음식을 상징하는 것으로는 찌개류와 김치, 쌈을 들 수 있다.

쌈이란 무엇을 싼다라는 뜻으로 잎이 넓적한 것은 모두 쌈의 재료가 될 수 있으며 조금 의미가 다르긴 하지만 야채 뿐만 아니라 김이나 밀쌈 역시 쌈의 재료가 되기도 한다.

쌈의 재료는 크게 생것으로 쓰는 것과 살짝 데치거나 쪄서 쓰는 재료로 나눌 수 있다. 생것으로 쓰는 것 중에는 단연 상추쌈이 으뜸이다. 그러나 요즘엔 여러 가지 건강 야채쌈이 등장하고 있어 깻잎, 신선초, 쑥갓 같은 우리 것은 물론이고 케일, 치커리, 비트잎, 청경채 등 외국 야채 등도 인기를 모으고 있다.

한편 데쳐서 먹는 것 중에는 호박잎, 머위, 곰취, 콩잎, 양배추 등이 대표적이며 생으로 먹는 깻잎도 데쳐 먹으면 그 맛이 새롭다. 이렇듯 쌈의 재료는 무척 다양하므로 그때그때 계절의 미각을 살려 준비하는 것이 바람직하다.

쌈밥 상차림에 기본적으로 갖추어야 할 반찬은 쌈장. 볶은 쇠고기와 표고버섯을 섞어 만든 된장쌈장과 고추장을 볶아 만든 약고추장이 대표적이지만 지방에 따라 고등어를 쪄서 살만 발라 넣고 만든 고등어쌈장, 멸치젓쌈장 등 별미 쌈장도 다양하다. 쌈상차림은 형편에 따라 고기나 생선 반찬을 곁들이는데 궁중의 상추쌈 상차림에 올려졌던 찬품으로는 자작하게 끓인 강된장찌개, 병어감정, 약고추장, 장똑똑이, 보리새우볶음 등이 전해진다.

| 쌈밥 상차리기의 실제 |
| **쌈** | 쌈 상추, 쑥갓, 청경채, 실파 등 여러 가지 신선한 쌈류
| **곁들임** | **반찬** 약고추장, 강된장찌개, 굴비구이, 장똑똑이, 병어감정

해파리냉채

해파리를 손질하여 다른 부재료와 섞어 마늘소스나 겨자소스에 버무린 음식.

| 준비하기 |

해파리 150g
(식초·설탕 1큰술씩
간장 ½큰술)
대하 1마리
오이 1½개
배 ½개

| 마늘소스 |

마늘 2쪽
설탕 1½큰술
식초 2큰술
간장 ½큰술
소금 약간
레몬즙 약간
참기름 1작은술

| 만들기 |

1 염장 상태로 파는 해파리는 5~6번 물을 갈아주면서 바락바락 주물러 깨끗 씻은 뒤 3~4시간 이상 담가 두어 짠기와 잡맛을 뺀다.

2 물이 끓으면 불을 끈 상태에서 손질한 해파리를 살짝 데친 뒤 다시 찬물에 3~4번 주물러 씻은 후 체에 건져 물기를 빼고 6~7cm 길이로 채썰어 분량의 식초와 간장, 설탕을 넣고 버무린다.

3 대하는 꼬치로 등쪽의 내장을 제거하고 끓는 물에 소금을 약간만 넣어 데친 다음 식으면 머리를 떼고 껍질을 벗긴 뒤 등쪽에 칼집을 넣어 반 가른다.

4 오이는 5cm 길이로 토막내 돌려깎기하여 속씨를 제거하고 채썰어 냉수에 담가 두었다가 건진다. 배도 오이와 같은 크기로 채썬다.

5 마늘은 곱게 다져서 설탕, 식초, 소금, 간장, 물을 넣어 설탕이 녹을 때까지 잘 저어 마늘소스를 만든다.

6 해파리와 대하, 채썬 오이, 배를 마늘소스에 버무려 접시에 담는다. 또는 해파리, 새우, 오이와 배를 옆옆이 담아내고 소스를 곁들여 먹을 때 버무린다.

3. 전골 상차림

전골은 여러 가지 재료를 익히거나 생것 그대로 넓고 큰 냄비에 색맞추어 담아 간한 육수를 부어 끓이는 냄비요리이며 이 재료들을 좀더 호화롭게 만든 것이 신선로라고 할 수 있다. 옛문헌인 「경도잡지」(1700년대 말)나 「옹희잡지」(1800년대 초)에 따르면 초기의 전골은 오히려 일본의 스키야키에 가까운 구이전골이었던 것으로 보인다. 하지만 개화기로 접어들면서 그 형태가 냄비요리와 혼합되어 오늘날에는 전골이라 하면 국물을 넉넉히 붓고 끓이는 냄비전골로 보편화되었다.

전골은 주재료가 무엇이냐에 따라 도미전골, 야채전골, 두부전골, 버섯전골, 해물전골 등 다양하다. 전골이 주가 된 상차림을 할 때는 계절에 따라 그 맛을 최대한 즐길 수 있는 재료를 주로 사용하는 것이 바람직하다. 전골 상차림은 특별한 격식이 있는 것은 아니지만 주안상이나 규모가 있는 교자상 차림에는 전골요리가 빠지지 않는다.

| 전골 상차리기의 실제 |
앞에 내는 음식 은행죽, 해파리냉채, 삼색밀쌈
식사 두부전골, 버섯산적, 더덕구이
후식 호박편, 대추차

은행죽

식욕 증진과 결핵 치료에 좋으며 특히 야뇨증에 효과가 있다. 아이들은 하루 5~6알, 어른은 15알 정도만 섭취하는 것이 좋다.

| 준비하기 |
불린 쌀 ½컵
간 은행 ½컵
잣 3큰술
물 3컵
소금 약간

| 만들기 |
1 은행은 따뜻한 물에 불려 속껍질을 벗긴다.
2 잣은 고깔을 떼고 깨끗이 닦는다.
3 은행과 잣에 불린 쌀을 넣고 분량의 물을 부어 곱게 간다.
4 바닥이 두꺼운 냄비에 ③의 재료를 넣어 주걱으로 가끔 저어가며 끓인다. 한소끔 끓고 나면 불을 줄여 죽이 잘 어우러지도록 은근히 끓인 뒤 먹을 때 소금으로 간을 한다.

장똑똑이

쇠고기를 채썰어 양념장에 조린 밥 반찬이다.

| 준비하기 |

쇠고기 300g
간장 ½큰술, 참기름 ½큰술
후춧가루 약간

| 조림장 |

간장 2큰술
설탕 1½큰술
대파 5cm 길이 1대
마늘 2톨, 생강 약간
후춧가루 약간
참기름·깨소금 1큰술

| 고명 |

잣가루 약간

| 만들기 |

1 쇠고기는 결대로 약 4~5cm 길이로 채썰어 분량의 간장과 참기름, 후춧가루로 양념해 밑간해 둔다.
2 파, 마늘, 생강은 곱게 채썬다. 파 역시 마늘 길이 만하게 짧게 채썬다.
3 조림장 재료를 모두 섞어 냄비에 부어 끓으면 밑간해 둔 ①의 고기를 넣어 조린다.
4 고기가 익으면 채썬 파와 마늘, 생강, 깨소금, 참기름을 넣고 고루 섞은 뒤 국물이 바싹 없어질 때까지 조린다.
5 그릇에 담고 잣가루를 뿌린다.

병어감정

쌈에 얹어 쉽게 싸 먹을 수 있도록 살만 포를 떠서 조린 생선 반찬.

| 준비하기 |

병어 1마리
붉은 고추 1개
대파 1대
마늘 2쪽
생강 약간
물 1컵, 고추장 2큰술
간장 ½큰술

| 만들기 |

1 병어는 내장을 빼고 비늘을 싹싹 긁어내어 깨끗이 씻은 후 앞뒤로 살만 포떠 사방 2cm 크기로 썬다.
2 대파는 4cm 길이로 썰고 붉은 고추는 어슷하게 썬다.
3 마늘과 생강은 곱게 채썬다.
4 냄비에 물 1컵을 붓고 고추장을 넣어 잘 푼 다음 간장을 넣어 끓인다.
5 ④의 조림장이 끓으면 손질한 병어와 채썬 마늘·생강을 넣고 끓인다.
6 국물이 자작자작할 정도로 졸아들면 대파와 붉은 고추를 넣고 잠깐만 끓인 뒤 불을 끈다.

 감정은 궁중에서 고추장찌개를 부르는 말인데 찌개만이 아니라 고추장으로 간을 한 요리를 두루 일컫는다.

강된장찌개

된장을 양념하여 쇠고기, 표고버섯, 풋고추를 넣고 국물이 거의 없게 걸쭉하게 끓인 된장찌개로
밥에 얹어 비벼먹거나 쌈장으로 많이 먹는다.

| 준비하기 |

쇠고기 50g
(다진 파·마늘 ½작은술씩
참기름·깨소금 약간씩
후춧가루 약간)
표고버섯 3장
(간장·설탕 ½작은술씩)
풋고추 2개, 붉은 고추 2개

| 된장 양념 |

된장 3큰술
꿀 1큰술, 설탕 ½큰술
다진 파 1큰술,
다진 마늘 ½큰술
참기름 2큰술, 청주 1큰술
깨소금·후춧가루 약간
물 ⅔컵

| 만들기 |

1 쇠고기는 채썰어 갖은 양념한다.
2 표고버섯은 부드럽게 불려 밑동을 떼고 물기를 꼭 짠 뒤 곱게 채썰어 간장, 설탕으로 양념해 밑간해 둔다.
3 고추는 꼭지를 떼고 5cm 길이로 어슷썰어 씨를 털어낸다.
4 분량의 재료를 모두 섞어 된장양념을 만든다.
5 뚝배기에 양념한 된장을 반쯤 덜어 깔고 밑간해 둔 쇠고기와 버섯을 반 분량씩 얹은 뒤 고추를 얹는다. 다시 된장과 쇠고기, 표고버섯, 고추를 반복하여 얹고 뚜껑을 덮어 약한 불로 자작자작하게 끓여 걸쭉한 강된장찌개를 만든다.

굴비구이

노릇하게 구운 굴비를 살만 발라
참기름을 조금 넣고 무쳐낸 짭쪼름한 밥반찬.

| 준비하기 |

굴비 1마리(중)
참기름 약간

| 만들기 |

1 굴비는 앞뒤로 비늘을 깨끗이 긁어낸 뒤 내장을 제거하고 깨끗이 씻어 물기를 닦는다.
2 깨끗하게 준비한 굴비에 두세번 칼집을 넣어 뜨겁게 달군 팬이나 석쇠에 굽는다.
3 굴비가 알맞게 구워지면 살만 발라 참기름을 넣어 가볍게 무쳐 그릇에 담아낸다.

삼색밀쌈

삼색밀전병에 여러 가지 익힌 재료를 섞어
말아 놓은 음식으로 대개 겨자장과 함께 낸다.

| 준비하기 |

쇠고기 200g
달걀 2개, 표고버섯 5장
당근 ½개, 오이 2개
식용유 적당량

| 쇠고기 양념 |

간장 2큰술, 설탕 1큰술
다진 파 ½큰술
다진 마늘 1작은술
참기름·깨소금 약간씩
후춧가루 약간

| 주황색 밀전병 |

밀가루 1컵
당근 50g
달걀 흰자 1개분, 물 1컵

| 초록색 밀전병 |

밀가루 1컵
시금치 30g
(또는 가루녹차 1작은술)
달걀흰자 1개분, 물 1컵

| 흰색 밀전병 |

밀가루 1컵
달걀 흰자 1개분, 물 1컵

| 겨자장 |

익힌 겨자 1큰술, 설탕 2큰술
소금 1½작은술
간장 ½작은술
식초·생수 2큰술

| 만들기 |

1 달걀은 흰자와 노른자로 나누어 각각 지단을 부쳐 5cm 길이로 채썬다.

2 당근은 5cm 길이로 채썰고, 오이는 5cm 길이로 토막내 돌려깎기하여 초록색 껍질 부분만 채썰어 각각 팬에 기름을 조금 두르고 센불로 살짝 볶아낸다.

3 표고버섯은 부드럽게 불려 밑동을 떼고 물기를 짠 뒤 두툼한 것은 한두번 저며썰어 곱게 채썰고, 쇠고기도 곱게 채썰어 양념한다. 먼저 뜨겁게 달군 팬에 양념한 쇠고기를 볶은 다음 고기를 꺼내고 그 팬에 표고버섯을 볶아낸다.

4 밀전병에 쓸 당근은 껍질을 벗기고 깨끗이 씻어 잘게 썰어 물 1컵을 붓고 곱게 갈아 즙을 짜서 밀가루, 달걀 흰자를 섞어 반죽한다.

5 시금치는 깨끗이 다듬어 씻은 후, 물 1컵을 붓고 곱게 갈아 즙을 짜 밀가루, 달걀 흰자를 섞어 반죽한다(가루녹차를 이용할 때는 밀가루에 가루녹차를 섞은 뒤 물과 달걀 흰자를 넣어 반죽하면 된다).

6 흰색 밀전병 반죽은 밀가루와 달걀 흰자, 물을 넣고 잘 저어 매끄럽게 반죽한다.

7 프라이팬에 기름을 약간 두른 후 겉도는 기름을 키친타월로 닦아내고 지름 10~12cm 크기로 세가지 색의 밀전병을 부친다.

8 따뜻한 밀전병 위에 준비한 ①, ②, ③의 전병 소를 한데 섞어 적당량 얹고 김밥 말듯이 단단하게 말아준 다음 먹기 좋은 크기로 썰어 그릇에 담고 겨자장을 곁들여 낸다.

| 겨자장 만들기 |

튜브에 든 것보다는 겨자가루를 이용해 만드는 것이 톡 쏘는 맛이 좋다. 겨자가루 1큰술에 따뜻한 물 1½큰술을 부어 잘 개서 그릇 옆쪽으로 잘 편 다음 열이 오른 냄비뚜껑에 엎어 15분 정도 익힌다. 익힌 겨자에 소금, 설탕, 간장을 섞어 덩어리가 없게 잘 저은 뒤 식초와 물을 넣어 고루 섞는다.

58 아름다운 한식 상차림

버섯산적

양념한 쇠고기, 느타리버섯, 실파를
꼬치에 꿰어 구운 적요리.

| 준비하기 |

쇠고기 300g
느타리버섯 100g
실파 100g
잣가루 1큰술

| 양념장 |

간장 3큰술
설탕 1½큰술
다진 파 1큰술
다진 마늘 ½큰술
청주 ½큰술
깨소금 ½큰술
참기름 ½큰술
후춧가루 약간

| 만들기 |

1 쇠고기는 로스구이용으로 준비해 길이 8cm, 폭 2cm 정도 크기로 썬다.
2 실파는 다듬어서 6cm 길이로 썬다.
3 느타리버섯은 끓는 물에 소금을 약간 넣고 데쳐 찬물에 헹궈 물기를 꼭 짠다. 굵은 것은 고기와 비슷한 굵기로 찢어둔다.
4 분량의 재료를 섞어 양념장을 만든다.
5 손질한 쇠고기와 느타리버섯에 ④의 양념장을 나누어 넣고 주물러 각각 양념해둔다.
6 꼬치에 양념한 쇠고기와 느타리버섯, 실파, 느타리버섯, 쇠고기 순서로 차례로 꿰어 팬에 기름을 두르고 앞뒤로 노릇하게 지져낸다. 이때 고기가 익는 속도가 느리므로 버섯과 실파를 살짝 들어 고기를 먼저 적당히 지진 후에 함께 지지는 게 요령이다.
7 접시에 담고 잣가루를 뿌린다.

더덕구이

손질한 더덕에 유장을 바르고 가볍게 구운 후
다시 양념장을 발라 구워낸다.

| 준비하기 |

더덕 200g

| 유장 |

간장 2작은술
참기름 2큰술

| 양념장 |

고추장 2큰술
설탕 1큰술
다진 파 1큰술
다진 마늘 ½큰술
깨소금 ½큰술
참기름 1큰술

| 만들기 |

1 더덕은 깨끗이 씻은 후 껍질을 벗기고 가는 것은 그대로 굵은 것은 길이로 반 가른 뒤 소금물에 잠시 담가두었다가 건져 마른 면보를 덮고 방망이로 지그시 눌러 살짝 민 다음(그래야 더덕이 쪼개지지 않는다) 자근자근 두드려 넓적하게 편다.
2 손질한 더덕에 먼저 간장과 참기름을 섞어 만든 유장을 발라 굽는다.
3 분량의 재료를 섞어 구이 양념장을 만들어 ②의 더덕에 앞뒤 골고루 양념장을 바른다.
4 팬에 기름을 조금 두르고 더덕을 놓아 앞뒤로 양념이 타지 않게 살짝 굽는다.
5 먹기 좋은 크기로 썰어 그릇에 담는다.

두부전골

3~4mm 정도로 얇게 썰어 녹말을 묻혀 지진 두부 사이에 양념한 고기를 채워
샌드위치처럼 만들어 다른 야채들과 함께 끓이면서 먹는 담백한 맛의 음식.

| 준비하기 |

두부 1모
녹말가루 3큰술
소금 약간
식용유 적당량

| 부재료 |

쇠고기 150g
양파 ½개
표고버섯 5장
숙주 100g
붉은 고추 2개
미나리 80g

| 국물 |

육수 3컵
집간장 1큰술
소금 ½작은술
후춧가루 약간

| 쇠고기 양념 |

간장 1½큰술
설탕 ½작은술
다진 파·다진 마늘 약간씩
소금·후춧가루 약간씩
깨소금·참기름 약간씩

| 만들기 |

1 두부는 단단한 것으로 준비하여 깨끗이 씻어 물기를 뺀 후 반으로 잘라 0.3cm 두께로 썬 다음 소금을 조금 뿌렸다가 물기를 닦고 녹말가루를 살짝 묻혀 달구어진 팬에 기름을 두르고 앞뒤가 노릇노릇하게 지져낸다.

2 쇠고기는 양지머리로 준비하여 반은 채썰고, 나머지는 곱게 다져서 각각 분량의 쇠고기 양념으로 갖은 양념하여 무쳐 놓는다.

3 표고버섯은 미지근한 물에 부드럽게 불려 밑동을 떼고 물기를 꼭 짜 채썬다.

4 양파도 손질하여 채썰고 붉은 고추는 반으로 갈라 씨를 털어 낸 후 채썬다.

5 숙주는 머리와 꼬리를 떼고 깨끗이 씻어 건져둔다.

6 미나리는 잎은 떼내고 깨끗이 다듬어 줄기만 흐르는 물에 씻어 ⅓은 끓는 소금물에 살짝 데쳐 놓고 나머지는 5cm 길이로 썬다.

7 지져놓은 두부의 한쪽 면에 다진 고기를 편편하게 얹고 다시 두부로 덮은 뒤 데친 미나리로 묶는다.

8 전골 냄비에 채썬 양파와 양념한 고기의 일부를 깔고 나머지 양념한 고기와 채썬 표고버섯, 붉은 고추, 미나리, 숙주, 미나리로 묶은 두부를 돌려 담은 후 간한 육수를 부어 끓인다.

전골은 고기와 해물, 야채 등을 익히거나 또는 익기 쉬운 재료들을 생것 그대로 넣어 즉석에서 끓이면서 여럿이 나누어 먹는 음식이다. 지금은 형태가 많이 바뀌어 냄비모양을 하고 있지만 고문헌에 나오는 전골 틀은 벙거지 모양으로 가운데 우묵한 곳은 냄비 역할을 하고, 가장자리 편편한 곳은 팬의 역할을 해서 구우면서 국물도 떠 먹는 구이전골의 형태다.

호박편

부드럽게 삶아 으깬 단호박을 쌀가루에 섞어
녹두고물을 뿌려 찐 설기떡 종류로 호박의 달콤함이 어우러져 한층 부드럽다.

| 준비하기 |

쌀가루 5컵
단호박 ½개
(씨, 껍질 제거하고 100g 정도)
소금 ½큰술
설탕 5큰술

| 녹두고물 |

거피녹두 1컵
소금 ½작은술
설탕 2큰술

| 만들기 |

1 녹두는 거피한 것으로 준비해 물에 담가 4~6시간 정도 불렸다가 바락바락 주물러서 껍질을 벗기고(여러번 반복해 말끔히 벗긴다) 소쿠리에 밭쳐 물기를 쪽 뺀 다음 찜기에 젖은 면보를 깔고 담아 김이 오른 찜통에 얹어 30분 정도 푹 무르게 쪄서 뜨거울 때 대강 찧은 뒤 다시 굵은 체에 쳐서 가루를 낸다.

2 체에 내린 녹두에 설탕과 소금을 섞어 팬에 슬쩍 볶아 다시 한번 체에 내려 녹두고물을 만들어 식혀둔다.

3 단호박은 씨를 긁어내고 3~4등분하여 껍질째 찜통에 찐 다음 살만 발라내 체에 내려 으깬다.

4 쌀가루에 소금과 설탕, 단호박 으깬 것을 넣고 양손으로 싹싹 비벼 고루 섞어 체에 내린다.

5 시루 밑에 녹두 고물을 한켜 깔고(1컵 정도) ④의 쌀가루와 호박 섞은 것을 평평하게 안친 다음 다시 그 위에 녹두 고물을 1cm 두께로 덮는다.

6 끓는 물이 담긴 솥이나 냄비 위에 시루가 기울지 않게 바로 놓고 시루번을 발라서 위에 베보자기를 덮어 찐다. 시루 위로 김이 오르기 시작하면 뚜껑을 덮어서 약 30분 정도 찐다.

7 떡을 대꼬치로 찔러보아 흰가루가 묻어나지 않으면 익은 것이므로 불을 끄고 시루를 들어내 큰 도마나 쟁반에 엎어서 식힌 후에 적당한 크기로 썰어 그릇

제 3 부

명절 상차림

······명절이란 오랜 풍습에 따라 전해져 온 명일로 좋은 날을 택해 여러 가지 의미있는 행사를 하며 그 행사에 따른 음식을 만들어 조상에게 제를 올리고 가족, 이웃과 함께 나누어 먹으며 즐겼으니 이것이 바로 명절 음식이다. 흔히 세시와 명절이 같은 의미로 여겨지기도 하는데 명절보다는 세시가 계절을 포함한 좀더 폭넓은 의미라고 할 수 있다.

대표적인 명절로 설날과 대보름, 한식, 단오, 추석, 동지 등을 꼽을 수 있다. 이는 우리나라가 농경문화에 뿌리를 내리고 있는 만큼 계절과도 밀접한 관계가 있어 농사일이 한창 바쁜 여름철에는 명절이 적고 수확을 하고 난 뒤, 농한기에 명절이 많은 것도 이 때문이다.

······문헌에서 명절의 유래를 찾아보면 그 시작은 고대의 제천의식에서 비롯된 것으로 보인다. 이것이 시대를 거듭하면서 고려시대에는 불교의 영향으로 팔관회가 설, 대보름, 단오, 추석, 동지 등과 함께 고려 9대 명절의 하나가 되기도 했으며 조선시대에 와서는 역사적으로 내려오던 명절 풍속과 음식이 정비되어 여러 세시기에 기록되었는데, 가장 오래된 책으로 알려진 「경도잡지」에 의하면 이미 18세기경에는 오늘날과 같은 명절 음식이 정착되었다고 한다.

······이처럼 세시풍속과 음식은 대부분 농사와 관련되어 형성되고 발달되어 선인들의 생활상과 의식을 고스란히 엿볼 수 있는데 그 내면에는 기풍과 액막이, 제례의식, 예방과 치료, 보신 등 갖가지 염원이 담겨있다. 또한 농경사회에 근간을 둔 명절 음식은 비록 쌀로 만든 떡과 술이 주를 이루긴 했지만 진달래화전이나 두견주, 국화전, 유자화채 등 계절에 따라 풍류와 멋을 즐겼으며 그때 그때마다 그 절기에 가장 흔하고 좋은 재료들로 음식을 만들어 먹었음을 엿볼 수 있다.

물론 요즘에는 여러 가지 이유로 젊은 주부들이 전통 명절 음식을 그대로 따라하기 힘든 것들이 꽤 있다. 하지만 떡국이나 오곡밥, 묵나물, 송편, 팥죽 같은 몇몇 특정 음식들은 계속 이어지고 있으며 여기에 계절에 맞는 음식 몇 가지를 더한다면 부족함이 없는 명절 음식이 될 것이다.

1. 설 상차림

설은 일년 중 가장 큰 명절로 원단(元旦), 세수(歲首), 신일(愼日)이라고도 하는데 이는 곧 일년의 시작이란 의미로 원래 뜻은 확실하지 않으나 묵은 해에서 새해로 넘어가는 즈음에 경거망동을 삼간다는 뜻이 내재되어 있다.

고대로부터 정월 초하룻날 아침에는 조상께 차례를 지내고 집안의 어른들과 친지, 이웃을 방문해 세배를 올리며 가내평안과 무병장수를 축원했으며 어른들은 덕담과 음식을 대접했다. 이렇듯 설에는 차례상과 세배 손님 대접을 위해 여러 가지 음식을 준비하는데 이 음식을 통틀어 세찬이라고 한다. 옛부터 설에 명절 음식을 배불리 먹으면 일년 내내 배불리 먹을 수 있다고 하여 설에는 음식을 넉넉히 장만해 배불리 먹었다.

설의 가장 대표적인 음식은 떡국. '희고 긴 가래떡을 돈같이 얇고 동그랗게 썰어 국을 끓여 먹는다'고 한 기록을 보면 떡국은 재물을 뜻하는 것으로 떡국을 먹음으로써 일년 내내 재물이 풍성하기를 기원했던 조상들의 마음을 엿볼 수 있다.

설의 떡국은 지방마다 특색이 있어 개성 지방에서는 조랭이떡국을, 충청도 지방에서는 생떡국, 이북에서는 떡국에 만두를 더해 떡만두국을 끓이거나 또 만두국만을 끓이기도 한다. 떡국과 함께 상에 올리는 음식은 각종 전유어와 갈비찜(가리찜), 녹두빈대떡, 나박김치 등이 있으며 수정과 식혜 등 다과상을 함께 준비한다. 또 넉넉한 집안에서는 엿을 고으고 두텁떡이나 강정, 삼색단자 등 몇 가지 떡과 한과류를 넉넉히 준비했다.

| 설상 차리기의 실제 |

앞에 내는 음식 탕평채, 녹두전
중간에 내는 음식 잡채, 갈비찜, 도미전골
식사 떡만두국과 장김치
후식 찹쌀부꾸미와 잣강정, 유자화채

탕평채

청포묵에 익힌 고기와 야채를 섞어 버무린 음식으로
마지막에 식초를 약간 넣고 버무려 산뜻한 맛을 낸다.

| 준비하기 |

청포묵 1모, 쇠고기 30g
표고버섯 2장, 숙주나물 70g
미나리 50g, 달걀지단 ½개분
실고추 약간, 김 ⅓장
식초 1큰술, 식용유 적당량

| 청포묵 양념 |

소금 ½작은술
참기름 1큰술

| 고기·표고버섯 양념 |

간장 2작은술, 설탕 ½작은술
다진 파 2작은술
다진 마늘 1작은술
깨소금·참기름 약간씩
후춧가루 약간

| 숙주·미나리 양념 |

소금 약간, 참기름 약간

| 만들기 |

1 청포묵은 5cm 길이의 젓가락 굵기로 채썰어 끓는 물에 부드럽게 데쳐 물기를 뺀 뒤 소금과 참기름으로 밑간해 둔다.

2 쇠고기는 5cm 길이로 채썰고 표고버섯은 부드럽게 불려서 밑동을 떼고 물기를 꼭 짠 뒤 가늘게 채썰어 분량의 재료를 섞어 만든 양념장을 나누어 넣고 양념해 두었다가 팬에 기름을 두르고 쇠고기와 표고버섯을 차례로 볶아낸다.

3 숙주나물은 거두절미하고 깨끗이 씻어 끓는 물에 소금을 조금 넣고 데쳐 물기를 뺀 후에 소금, 참기름으로 무치고 미나리는 줄기로만 준비해 끓는 물에 소금을 조금 넣고 파랗게 데쳐 찬물에 바로 헹궈 물기를 빼고 5cm 길이로 썰어 소금, 참기름으로 양념한다.

4 달걀은 흰자와 노른자로 나누어 황백지단을 부쳐 5cm 길이로 채썬다.

5 김은 가위로 3cm 길이로 가늘게 자르고 실고추는 짧게 끊어 놓는다.

6 준비한 청포묵과 고기·버섯 볶은 것, 숙주나물, 미나리, 달걀지단채, 실고추를 넣고 고루 섞은 뒤 마지막에 식초 1큰술을 넣고 살살 버무린다. 접시에 담고 위에 김채를 얹어낸다.

녹두전

녹두를 불려 거피한 후 곱게 갈아서
양념한 고기와 김치, 숙주 등을 섞어 지진 구수한 빈대떡이다.

| 준비하기 |

녹두(불린 것) 2컵
물 ⅜컵
소금·후춧가루 약간씩
돼지고기 50g
숙주 50g, 김치 60g
실파 5뿌리
참기름·후춧가루 약간씩

| 돼지고기 양념 |

간장 ½큰술
설탕 1작은술
다진 마늘 ½작은술
생강즙 ½작은술
참기름·깨소금
후춧가루 약간씩

| 고명 |

붉은 고추 ½개

| 만들기 |

1 거피 녹두를 준비해 미지근한 물에 하룻밤 불렸다가 손으로 비벼 껍질을 물과 함께 흘려 버리기를 여러 번 반복해 남아있는 껍질을 말끔히 벗기고 조리질을 하여 돌을 걸러낸 후 물과 혼합하여 믹서에 곱게 갈아 소금, 후춧가루로 간한다.

2 돼지고기는 채썰어 분량의 양념으로 밑간해 둔다.

3 숙주는 거두절미하고 씻어 길이를 2~3번 썰고 실파도 다듬어 2cm 길이로 썬다.

4 김치는 속을 대충 털어내고 잘게 썰어 국물을 짜낸 다음 참기름과 후춧가루로 양념한 후 양념한 돼지고기와 숙주, 김치, 실파를 한데 섞는다.

5 팬에 기름을 넉넉히 두르고 녹두 간 것을 작은 국자로 떠 얹고 준비한 ⑤의 재료를 얹은 후 그 위에 다시 녹두반죽을 조금 바르듯이 얹고 붉은 고추를 채썰어 고명으로 얹는다.

6 가장자리가 바삭해지면서 밑면이 노릇하게 익으면 뒤집어 노릇노릇하게 지져낸다. 녹두전을 지질 때는 꾹꾹 누르지 않는다. 뒤집개로 누르면서 지지면 포근한 맛이 없고 단단해진다.

잡채

쇠고기와 여러 가지 야채를 각각 곱게 채썰어 볶아 삶은 당면과 섞어 버무려 낸
대표적인 우리음식 중 하나로 명절이나 잔치 등 큰상을 차릴 때 빠지지 않는다.

| 준비하기 |

당면 30g
쇠고기 100g
느타리버섯 70g
표고버섯 3장
목이버섯 5장
양파 ½개
오이 2개
당근 ½개
배 ½개
잣 약간

| 고기·버섯양념 |

간장 1½큰술
설탕 1큰술
다진 파 1큰술
다진 마늘 ½큰술
깨소금 1작은술
후춧가루 약간

| 만들기 |

1 쇠고기는 가늘게 채썰어 양념장의 반을 덜어 넣고 조물조물 무쳐 볶는다.
2 느타리버섯은 끓는 물에 살짝 데친 후 찬물에 헹궈 물기를 꼭 짜서 손으로 가늘게 찢은 후 남은 양념장의 반을 덜어 넣고 양념해 볶는다.
3 표고버섯은 부드럽게 불려 밑동을 떼고 곱게 채썰어 남은 양념장으로 양념해 볶는다.
4 목이버섯은 미지근한 물에 담가 불렸다가 부들부들해지면 지저분한 것을 떼어내고 잘 씻은 후 채썰어 물기를 제거하고 볶는다.
5 양파는 채썰어 기름 두른 팬에 소금 간하여 볶는다.
6 오이는 5cm 길이로 썰어 돌려깎기한 후 소금에 살짝 절이고 당근도 같은 길이로 썰어 소금에 절였다가 물기를 꼭 짜고 각각 기름 두른 팬에 볶아낸다.
7 당면은 끓는 물에 삶아 물기를 빼고 8cm 길이로 썰어 팬에 볶아낸다.
8 달걀은 흰자와 노른자를 나누어 황백지단을 부쳐 5cm 길이로 곱게 채썬다.
9 배도 곱게 채썬다.
10 모든 재료를 혼합하여 가볍게 버무려(싱거우면 소금으로 간한다) 그릇에 담고 고명으로 조금 남긴 배와 지단을 얹어낸다.

갈비찜

쇠고기 갈비를 손질하여 다른 야채와 함께
양념하여 부드럽게 푹 무르도록 익힌다.

| 준비하기 |

갈비 1.8kg
(물 9컵, 대파 1대
마늘 4~5쪽)
무 300g
당근 ½개
양파 1개
표고버섯 4장
밤 10개
대추 10개
은행 10개

| 양념장 |

간장 11큰술
설탕 4큰술
꿀 2큰술
다진 파 3큰술
다진 마늘 1½큰술
생강즙 1큰술
후춧가루 1작은술
참기름 2큰술
깨소금 2큰술
배즙 ½컵

| 만들기 |

1. 5cm 길이로 토막낸 갈비는 찬물에 30분 정도 담가두었다가 핏물이 빠진 뒤에 건져 기름기를 떼고 두세 번 칼집을 낸다.
2. 당근은 껍질을 벗기고 도톰하고 둥글게 썰거나 또는 4cm 길이로 썰어 4등분해서 모서리를 둥글게 다듬는다. 무도 껍질을 벗기고 같은 크기로 썰어 다듬는다. 양파는 껍질을 벗겨 4쪽으로 썬다.
3. 표고버섯은 씻어서 물에 불린 뒤 밑동을 떼고 물기를 꼭 짜 3~4쪽으로 썬다.
4. 밤은 껍질을 벗겨 물에 잠깐 담갔다 건지고 대추는 깨끗이 씻어둔다. 은행은 팬에 기름을 조금 두르고 볶아 껍질을 까둔다.
5. 분량의 재료를 모두 섞어 갈비찜 양념장을 만든다.
6. 바닥이 두툼한 냄비에 손질한 갈비를 담고 물을 9컵 정도 붓고 깨끗이 씻어 손질한 파와 마늘을 넣고 끓인다. 끓어오르면 불을 줄여 중간 불에서 국물이 5~6컵 정도로 줄 때까지 푹 끓인다.
7. 갈비가 거의 익으면 고기는 건져내고 육수(갈비 삶은 국물)는 체에 밭쳐 기름기를 제거한다.
8. 냄비에 삶은 갈비를 담고 양념장을 넣어 고루 버무린 뒤 손질한 야채와 ⑦의 육수를 붓고 끓인다. 한소끔 끓으면 불을 줄여 중불에서 고기와 야채가 푹 무르도록 끓인다.
9. 갈비찜이 완성되면 그릇에 담고 위에 은행을 고명으로 얹어낸다.

 상에 낼때 달걀을 황백으로 나누어 지단을 부친 후 골패모양으로 썰어 고명으로 얹으면 시각적인 색감이 훨씬 돋보인다.

도미전골

도미를 포떠서 전을 지진 후 쇠고기와 여러 가지 야채를 함께 넣고 끓이면서 먹는 음식이다.
손질하고 난 도미 머리와 뼈로 국물을 내어 쓰면 좋다.

| 준비하기 |

도미 1마리
소금·후춧가루 약간씩
밀가루 적당량
달걀 2개
식용유 적당량

| 부재료 |

쇠고기 100g
표고버섯 3장
새송이버섯 3개
양파 ½개
당근 ½개
미나리 70g
숙주 50g
붉은 고추 2개

| 쇠고기·버섯 양념 |

간장 1½큰술
설탕 1작은술
다진 파 1큰술
다진 마늘 ½큰술
깨소금·참기름 1작은술씩

| 전골국물 |

육수 3컵
소금 1작은술
집간장 1작은술
후춧가루 약간

| 만들기 |

1 도미는 앞뒤로 비늘을 싹싹 긁고 아가미와 내장을 제거한 뒤 물기를 닦고 3장으로 포를 뜬 다음 도미살은 사방 4~5cm 크기로 저민다.
2 포 뜬 도미살에 소금, 흰후춧가루를 뿌려 간하였다가 물기를 걷고 앞뒤 골고루 밀가루를 묻힌 뒤 여분의 가루를 털어내고 달걀물에 담궜다가 건져 기름 두른 팬에 앞뒤로 노릇노릇하게 전을 지진다.
3 포를 뜨고 난 뼈와 머리는 물을 붓고 푹 끓여 뽀얗게 국물이 우러나면 체에 밭쳐 소금과 집간장, 후춧가루로 간해 맛을 낸 전골 국물을 준비해 둔다.
4 쇠고기는 채썰어 분량의 양념 중 ⅔쯤을 덜어 넣고 주물러 밑간해 둔다.
5 표고버섯은 미지근한 물에 불렸다가 밑동을 떼고 물기를 짠 뒤 채 썰어 나머지 양념으로 밑간해 두고 새송이버섯은 물로 가볍게 씻은 뒤 밑동 끝만 살짝 잘라내고 길이로 4등분한다.
6 양파는 채썰고 당근도 양파와 비슷한 크기로 얇게 저민다.
7 미나리는 연한 줄기로만 다듬어 깨끗이 씻어 5cm 길이로 썰고 숙주는 거두절미하고 씻어 건진다.
8 붉은 고추는 꼭지를 떼고 길이로 반 갈라 씨를 제거한 뒤 5cm 길이로 채썬다.
9 전골 냄비에 양파와 숙주를 깔고 가운데 도미전을 얹은 후 그 둘레에 나머지 재료를 모양있게 옆옆이 둘러 담고 간한 육수를 부어 끓인다.

떡만두국

만두소에 넣는 고기는 지방에 따라 쇠고기, 돼지고기, 닭고기, 꿩고기 등을 사용하며 숙주, 두부,
배추김치 등이 들어간다. 궁중에서는 반만 접어 주름을 내지 않고 반달모양으로 빚어 병시라고 했다.

| 준비하기 |
흰떡(썬 것) 2컵

| 만두피 · 만두소 |
밀가루 2컵, 소금 약간
쇠고기 · 돼지고기 150g씩
두부 ½모, 숙주나물 150g
불린 표고버섯 3장, 김치 200g
소금 1작은술, 다진 파 2큰술
간장 · 다진 마늘 · 깨소금 1큰술
참기름 1큰술, 후춧가루 약간

| 국물 |
육수 5컵(양지머리 300g
물 7컵, 파잎, 마늘 약간)
집간장 · 소금 1큰술
후춧가루 약간

| 고명 |
쇠고기 100g(갖은양념)
쪽파 4뿌리, 식용유 적당량

| 만들기 |

1 고기는 곱게 다지고 두부는 면보에 싸서 물기를 꼭 짜 곱게 으깨고 숙주는 데쳐서 물기를 꼭 짜 곱게 다진다. 김치는 속을 대충 털어내고 곱게 다져 국물을 꼭 짜버리고 불린 표고버섯도 물기를 꼭 짜 곱게 다진다. 준비한 재료를 모두 섞어 다진 파, 마늘, 깨소금, 참기름, 후춧가루를 넣고 고루 버무려 만두 소를 준비한다.

2 흰떡은 물에 헹군 후 건져놓고 만두피로 쓸 밀가루는 너무 질지 않게 반죽한다.

3 만두피 반죽을 조금씩 떼어 둥글게 밀어서 만두소를 넣고 예쁘게 만두를 빚는다.

4 양지머리에 파잎과 마늘을 넣고 푹 끓여 국물 맛이 우러나면 고기는 건지고 육수는 기름기를 제거하고 집간장과 소금, 후춧가루로 간한다.

5 고명으로 쓸 쇠고기는 4cm 길이, 1cm 폭으로 썰어 갖은 양념하고 쪽파는 다듬어서 3cm 길이로 썰어 꼬치에 고기와 번갈아 꿰어 팬에 지져 준비한다.

6 ④의 육수를 다시 팔팔 끓여 만두와 떡을 넣어 끓인다. 만두가 익어서 위로 동동 뜨면 잠깐만 더 끓인 뒤 소금으로 부족한 간을 맞춘다. 그릇에 담고 ⑤의 산적을 고명으로 얹어 낸다.

장김치

장에 절여서 만든 김치라 하여 장김치라 하였다. 주로 정월에 담가 손님상에 내는 김치이다

| 준비하기 |
배추(中) 1통(400g), 무 150g
갓 150g, 미나리 100g
불린 표고버섯 2개
석이버섯 5g
밤 5개, 대추 10개, 잣 1큰술
단감 1개, 배 1개, 대파 2대
생강 ½뿌리, 마늘 1통
집간장 ⅔컵(간장인 경우 1컵)

| 김치국물 |
간장 1컵, 물 6컵
설탕 3큰술, 소금 약간

| 만들기 |

1 배추 겉잎은 떼어두고 중간 속잎으로 준비해 한잎씩 떼어 길이 3.5cm×넓이 3cm 정도 크기로 썬다. 무는 깨끗이 씻어 나박김치용보다는 약간 크게 썬다.

2 큰 그릇에 배추를 담고 분량의 집간장을 부어 절이다가 중간에 무를 넣어 함께 1시간쯤 절인다. 단감과 배는 껍질을 벗겨 무와 비슷한 크기로 썬다.

3 갓은 줄기쪽 부분으로만 준비해 3cm 길이로 썰고 미나리도 줄기로만 같은 길이로 썬다. 불린 표고버섯은 손질하여 골패 모양으로 썰고 석이버섯은 깨끗이 씻어 돌돌 말아 채썬다. 밤은 껍질을 벗기고 얄팍하게 썰고 대추는 과육만 돌려깎아 세쪽으로 자른다. 잣은 고깔을 떼고 마른 행주로 닦는다.

4 파는 흰부분만 3.5cm 길이로 채썰고 마늘과 생강도 곱게 채썬다.

5 절여둔 배추와 무를 건져 나머지 썰어 놓은 모든 재료와 버무려 김치통에 담고 분량의 간장과 설탕, 소금으로 간해 국물을 만들어 붓고 떼어둔 배추 겉잎으로 덮어둔다.

잣강정

시럽에 잣을 넣고 버무려 굳혀 네모지게 썬 한과.
잣 대신 볶은 깨, 콩, 쌀 튀긴 것 등을 넣어 만들면 다양한 맛의 강정이 된다.

| 준비하기 |

잣 1컵
설탕 ¼컵
물 ¼컵
된 조청 2큰술

| 만들기 |

1 잣은 고깔을 떼어 내고 물로 한 두번 씻어 체에 밭쳐 물기를 뺀다.
2 설탕과 물을 동량으로 붓고 약한 불에 올려 젓지 말고 그대로 끓여 시럽을 만든다.
3 ②에 된 조청을 넣어 고루 섞은 뒤 잣을 넣어 고루 버무린다.
4 도마나 쟁반 위에 랩을 깔고 기름을 바른 뒤 ③을 쏟아 식기 전에 밀대로 1cm 두께로 민 뒤 완전히 굳기 전에 적당히 식으면 2.5cm×3.5cm 크기로 잘라 대추꽃으로 장식한다.

찹쌀부꾸미

찹쌀반죽을 팬에 지지면서 소를 넣어 반달모양으로 접어 위에 고명을 얹어낸 지진 떡이다.

| 준비하기 |
찹쌀가루 3컵
소금 약간
물 3큰술(찹쌀가루의
수분 함량에 따라 달라짐)

| 고명 |
쑥갓잎 약간
대추 3개, 식용유 적당량

| 팥소 |
팥고물 ½컵
꿀 2큰술, 소금 약간

| 만들기 |
1. 찹쌀가루는 소금을 약간 넣어 체에 내린 뒤 물을 한숟가락씩 넣어가며 알맞게 한덩어리로 뭉쳐질 때까지 말랑하게 반죽해 마르지 않게 물기를 꼭 짠 젖은 면보를 덮어둔다.
2. 팥고물에 소금 간을 한 뒤 꿀을 넣어 잘 섞어 소를 만들어 조그맣게 떼어 뭉쳐 둔다.
3. 대추는 씨를 제거하고 돌돌 말아서 썰고 쑥갓잎은 작은 것으로 떼어 고명을 준비한다.
4. ①의 반죽을 조금씩 떼어 지름 3~4cm 크기로 동글납작하게 빚는다.
5. 팬에 기름을 두르고 찹쌀반죽을 놓아 지진다. 밑면이 ⅔쯤 익으면 뒤집어서 숟가락으로 꾹 누른 뒤 윗면이 말개지면 ②의 팥소를 얹고 반으로 접는다. 위에 쑥갓잎과 대추 고명을 얹은 뒤 잘 붙도록 숟가락으로 살짝 눌러 준다.

유자화채

늦은 가을에 나는 유자를 손질하여 배와 석류를 얹어 내는
유자향이 강한 고급 화채이다.

| 준비하기 |
유자 2개
배 1개
설탕 1½컵
물 4컵
잣 1작은술
석류 7~8알

| 만들기 |
1. 흠이 없고 단단한 유자를 골라 깨끗이 씻은 뒤 4등분하여 껍질에 칼집을 넣은 뒤 속 알맹이가 다치지 않게 아주 얇게 껍질을 벗긴다.
2. 유자 알맹이는 한쪽씩 떼어 하얀 섬유질을 떼어내고 씨를 뺀 뒤 화채 그릇에 담고 설탕을 약간 뿌려 재운다.
3. 껍질은 한조각씩 도마에 놓고 안쪽의 흰 부분을 얇게 저며 노란 부분과 흰부분을 각각 어슷하게 놓고 곱게 채썬다. 각각에 설탕을 약간 뿌려 둔다.
4. 배는 내기 직전에 껍질을 벗기고 유자채와 비슷한 크기로 곱게 채썬다.
5. ②의 화채 그릇에 채썬 배와 설탕에 재워 둔 채썬 유자껍질을 가지런히 돌려 담고 석류알과 잣을 가운데에 담는다.
6. 설탕물을 끓여 식힌 뒤 화채 그릇의 가운데로 가만히 부어 낸다. 작은 그릇에 조금씩 골고루 덜어 먹을 수 있게 준비한다.

2. 대보름 상차림

농경국가인 우리의 세시 풍속에서 달이 차지하는 비중은 매우 크다. 특히 달이 둥글어지는 보름에 많은 의미를 부여했는데 그중 새해 첫 번째 맞는 정월달의 보름은 대보름이라 하여 8월 보름날인 한가위와 함께 다른 달의 보름날보다 더 큰 의미를 두었다.

특히 농촌에서는 대보름을 기준으로 여름 농사를 준비해왔기 때문에 그 해의 농사를 점치는 풍속을 비롯해 달맞이, 답교놀이 등 풍요를 기원하는 민속놀이가 많았으며 특히 대보름 음식에는 복을 기원하는 특별한 의미가 담겨져 있기도 하다.

대보름의 대표 음식으로는 오곡밥과 약식(약반), 복쌈, 묵(은)나물, 부럼, 귀밝이술 등을 꼽을 수 있다. 여기서 오곡이란 다섯가지 중요한 곡식인 쌀, 보리, 조, 콩, 기장을 말하는 것으로 모든 곡식들에 풍년이 들기를 바라는 마음에서 오곡으로 밥을 지어 먹었다고 한다. 또 여러 집의 밥을 먹어야 운이 좋다고 하여 이웃끼리 서로 나눠 먹었으며 아홉 번 먹고 아홉 번 일해야 일년내 배부르다고 했다. 뿐만 아니라 보름날 아침 첫 밥술은 쌈을 싸서 먹는데 이를 두고 복쌈이라 하여 김이나 참취나물 등을 이용했으며 이 복쌈은 집안에 벼가 많이 들어오기를 기원하는 마음에서 비롯된 것이라 짐작된다.

그 외에도 여름내 더위먹지 않고 건강하라는 의미에서 전 해에 말려두었던 갖가지 나물들로 아홉가지 나물을 무쳐 먹었으며 부스럼이 생기지 말라고 이른 새벽 호두, 잣, 은행 등을 깨물어 버리는(부럼) 풍속도 지금껏 이어지고 있다. 그리고 일년 동안 귓병이 생기지 않고 내내 좋은 소식을 듣는다고 하여 청주 한잔을 데우지 않고 마셨는데 이것이 바로 귀밝이술이다.

반면에 금기 음식도 있었는데 아침에 밥을 물에 말아먹거나 생파래를 먹으면 논밭에 잡초가 무성해진다고 해서 금했으며 김치나 고춧가루가 든 음식 또한 먹지 않았다.

| 대보름상 차리기의 실제 |
오곡밥, 아홉가지 나물, 김쌈
부럼과 귀밝이 술
약식

오곡밥

오곡밥은 차진 곡물이 많이 들어가므로 보통 밥물보다 조금 적게 잡는다.
또는 시루나 찜통에 찌기도 하는데 이때는 소금물을 중간에 3~4번 뿌리면서 쪄준다.

| 준비하기 |

- 멥쌀 3컵
- 찹쌀 2컵
- 팥 ½컵
- 밤콩 ½컵
- 차수수 ½컵
- 차조 ½컵
- 밥물 7컵
- 소금 1큰술

| 만들기 |

1. 콩은 깨끗이 씻어 물에 5~6시간 불린다.
2. 팥은 깨끗이 씻어 물을 붓고 삶는다. 한소끔 끓으면 첫물은 따라내고 새로 물을 3컵쯤 부어 고들고들하게(팥알이 터지지 않을 정도로) 삶아서 팥은 건져내고 팥물은 따로 준비하여 밥물로 이용한다.
3. 수수는 박박 주물러 씻어 붉은 물을 우려내고(그래야 떫은 맛이 없다) 깨끗이 헹군 뒤 체에 건져 물기를 빼고 차조는 돌없이 씻어 일어 체에 건져둔다.
4. 찹쌀과 멥쌀은 씻어 30분쯤 불렸다가 체에 건져 물기를 뺀다.
5. 찹쌀과 멥쌀, 삶은 팥, 콩, 수수를 골고루 섞어 솥에 안치고 팥물에 물을 더해 밥물에 소금간을 해 붓고 밥을 짓는다.
6. 밥물이 끓어오르면 차조를 얹고 불을 줄여 뜸을 푹 들인다.

귀밝이 술과 부럼

　대보름날 새벽에 데우지 않은 청주를 한잔 마시면 귀가 밝아진다 하여 귀밝이술이라 한다. 뿐만 아니라 귓병이 생기지 않으며 일년 내내 좋은 소식만 듣는다 하여 온가족이 마셨다.

　부럼은 생밤, 피호두, 피잣, 땅콩 등으로 준비하는데 일년 열두달 무사하고 부스럼이 나지 않기를 축원하며 대보름날 새벽에 껍질째 한 개씩 깨물어 버렸다고 한다.

　이는 아마도 이들 견과류에는 풍부한 비타민과 불포화지방산이 들어있기 때문에 이 즈음에 이것들을 먹음으로써 부족한 영양을 보충하기 위한 조상들의 지혜가 아니었을까 짐작된다.

아홉가지 나물

주로 전해에 말려두었던 묵은 나물들을 삶아 양념해 볶았으며
특별히 고춧가루를 사용하지 않는다.

| 준비하기 |

| 무나물 |
무 300g
다진 파 1큰술
다진 마늘 1작은술
소금 ½작은술
육수·식용유 약간씩

| 고사리·시래기
호박고지·가지나물 |
고사리·시래기·호박고지
가지 150g씩(불린 것)
집간장 2큰술
다진 파 3큰술
다진 마늘 4작은술
참기름·깨소금 2큰술씩
육수 4큰술
식용유 적당량

| 깻잎·도라지나물 |
깻잎·도라지 150g(불린 것)
소금 1작은술
다진 파 1½큰술
다진 마늘 1큰술
깨소금·참기름 1큰술씩
육수 2큰술
식용유 적당량

| 시금치·숙주나물 |
시금치·숙주 150g씩
소금 1작은술
다진 파 1큰술
다진 마늘 1작은술
깨소금 1큰술
참기름 1큰술

| 만들기 |

1 무는 굵직하게 채썰어 기름에 볶다가 육수를 약간 넣고 끓여 무가 부드럽게 익으면 다진 파, 다진 마늘을 넣고 소금으로 간맞추어 익혀낸다.

2 호박고지는 미지근한 물에 불려 부드러워지면 깨끗이 헹궈 물기를 꼭 짜고 분량의 양념을 ¼쯤 넣어 조물조물 무친 후 열이 오른 팬에 기름을 넉넉히 두르고 부드럽게 볶아낸다.

3 말린 가지도 미지근한 물에 부드럽게 불렸다가 깨끗이 헹궈 갖은 양념하여(양념의 ¼쯤 넣는다) 열이 오른 팬에 기름을 넉넉히 두르고 육수를 약간 넣어 부드럽게 볶아낸다.

4 말린 시래기는 미지근한 물에 불렸다가 끓는 물에 부드럽게 삶아 다시 물에 담가두어 퀴퀴한 냄새를 울궈내고 겉면의 질긴 껍질을 벗긴다. 손질한 시래기는 깨끗이 헹궈 5~6cm 길이로 썰어 갖은 양념하여(양념 분량의 ¼) 열이 오른 팬에 기름을 두르고 육수를 약간 넣어 부드럽게 볶아낸다.

5 고사리는 미지근한 물에 불려서 부드럽게 되면 줄기 끝의 억센 부분을 잘라내고 5~6cm길이로 썰어 나머지 양념으로 조물조물 무친 뒤 열이 오른 팬에 기름을 두르고 볶다가 육수를 약간 넣어 부드럽게 볶아낸다.

6 깻잎도 미지근한 물에 불린 후 깨끗이 헹궈 물기를 짜고 분량의 양념을 반쯤 덜어 넣고 조물조물 무쳐 열이 오른 팬에 기름을 두르고 볶다가 육수를 약간 넣어 부드럽게 볶아낸다.

7 껍질 벗긴 통도라지는 끓는 물에 소금을 약간 넣고 부드럽게 데쳐 5~6cm 길이로 넓적하게 저며 썰어 팬에 기름을 두르고 볶다가 육수를 약간 넣고 나머지 양념을 넣어 부드럽게 볶아낸다.

8 시금치는 깨끗하게 뿌리쪽을 다듬어 씻은 후 끓는 물에 소금을 약간 넣고 살짝 데쳐 찬물로 여러번 헹궈 물기를 짜고 분량의 양념을 반쯤 넣어 조물조물 무친다.

9 숙주는 거두절미하고 넉넉한 물에 깨끗이 씻은 후 끓는 물에 소금을 약간 넣고 데친 후 찬물로 헹궈 물기를 살짝 눌러 짜고 나머지 양념으로 무친다.

10 위의 준비한 나물을 옆옆이 담아 낸다.

약식

약밥 또는 약반이라고도 하며 찹쌀을 쪄서 밤, 대추 등을 섞어
간장, 참기름, 설탕, 꿀 등으로 거무스름하게 양념해 쪄낸 찰밥이다.
삼국유사에 의하면 약식의 유래는 신라 소지왕 때부터인 것으로 전해진다.

| 준비하기 |

찹쌀 6컵
밤 15개
대추 15개
잣 ⅓컵
황설탕 1⅓컵
꿀 6큰술
간장 3큰술
소금 1작은술
참기름 5큰술

| 만들기 |

1 찹쌀은 씻어 2시간 정도 불린 후 건져 물기를 뺀다. 찜통에 물기를 꼭 짠 젖은 면보를 깔고 찹쌀을 얹어 40분 정도 찐다.

2 밤은 살짝 삶아 속껍질까지 말끔히 벗기고 2~4등분하고 대추는 씨를 빼고 3등분한다.

3 발라 낸 대추씨와 대추 과육의 ⅓분량을 냄비에 담고 물 2컵을 부어 약한 불에서 푹 졸인 다음 체에 내려 걸쭉한 물을 받아둔다(이것을 대추고라 한다).

4 잣은 고깔을 떼고 면보로 닦아 놓는다.

5 넓은 그릇에 ①의 찰밥을 담고 뜨거울 때 ③의 대추고와 황설탕, 소금을 넣어 먼저 버무린 뒤 간장과 꿀, 참기름, 밤과 대추, 잣을 넣어 고루 섞어 밧트에 담는다.

6 열이 오른 찜통에 ⑤를 담고 중탕으로 2시간 정도 찐다.

7 완성된 약식은 고루 섞어 그릇에 담거나 또는 반듯한 쟁반에 참기름을 조금 바르고 밥을 퍼 담아두었다가 한김 나가면 마르지 않게 랩을 씌워 밥이 식으면 모지게 썬다.

3. 추석 상차림

　설, 한식, 단오와 함께 우리 민족의 4대 명절로 꼽히며 중추절, 한가위라고도 한다. 이 무렵에는 오곡백과가 무르익어 햇곡식과 햇과일이 풍족해 인심도 후하고 넉넉지 못한 서민들도 이때 만큼은 음식을 장만하여 이웃과 함께 즐겼던 가장 넉넉한 명절이다. 그래서 '더도 덜도 말고 늘 한가위만 같아라'는 말이 생겨나기도 했다.

　「삼국사기」에 의하면 추석의 유래는 신라 유리왕 때, 도읍 안의 여자들을 두패로 나누어 7월 보름부터 8월 보름까지 한달 동안 길쌈을 하여 추석날 그 성과를 심사해 진 편이 이긴 편에게 음식을 장만해 대접했던 것에서 시작되있다고 한다.

　추석 음식은 어떤 특별한 것으로 정했다기 보다는 햇곡식으로 만든 떡과 술, 과일 등 무엇보다 새로 수확한 햇것으로 장만하는데 의미를 두었다. 또한 추석날 아침엔 설과 마찬가지로 조상께 제를 올렸으며 이날의 음식 또한 차례음식이 주가 된다.

　대표적인 추석음식으로는 송편과 토란국, 갈비찜, 빈대떡, 닭찜, 나박김치, 삼색나물 등이 있다.

| 추석상 차리기의 실제 |
앞에 내는 음식 송이버섯과 쇠고기구이, 삼색나물
중간에 내는 음식 닭찜, 송이전골
식사 밥과 토란탕, 조기조림
후식 송편, 배숙

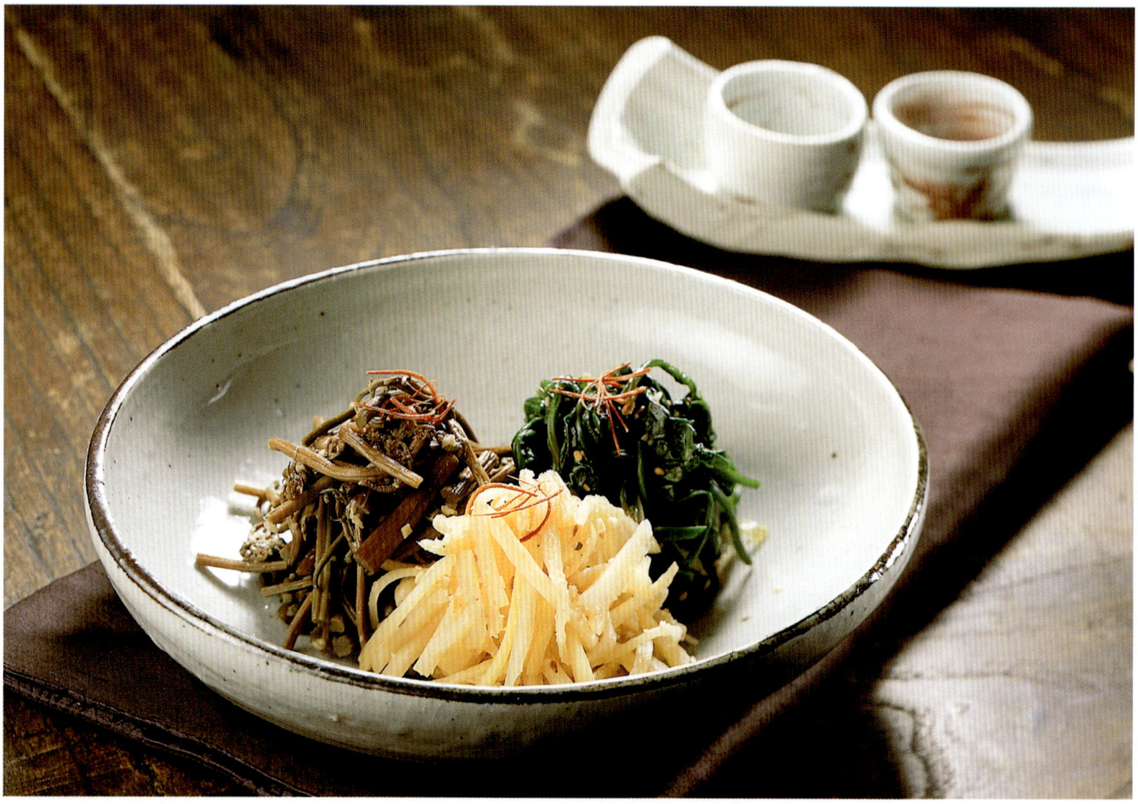

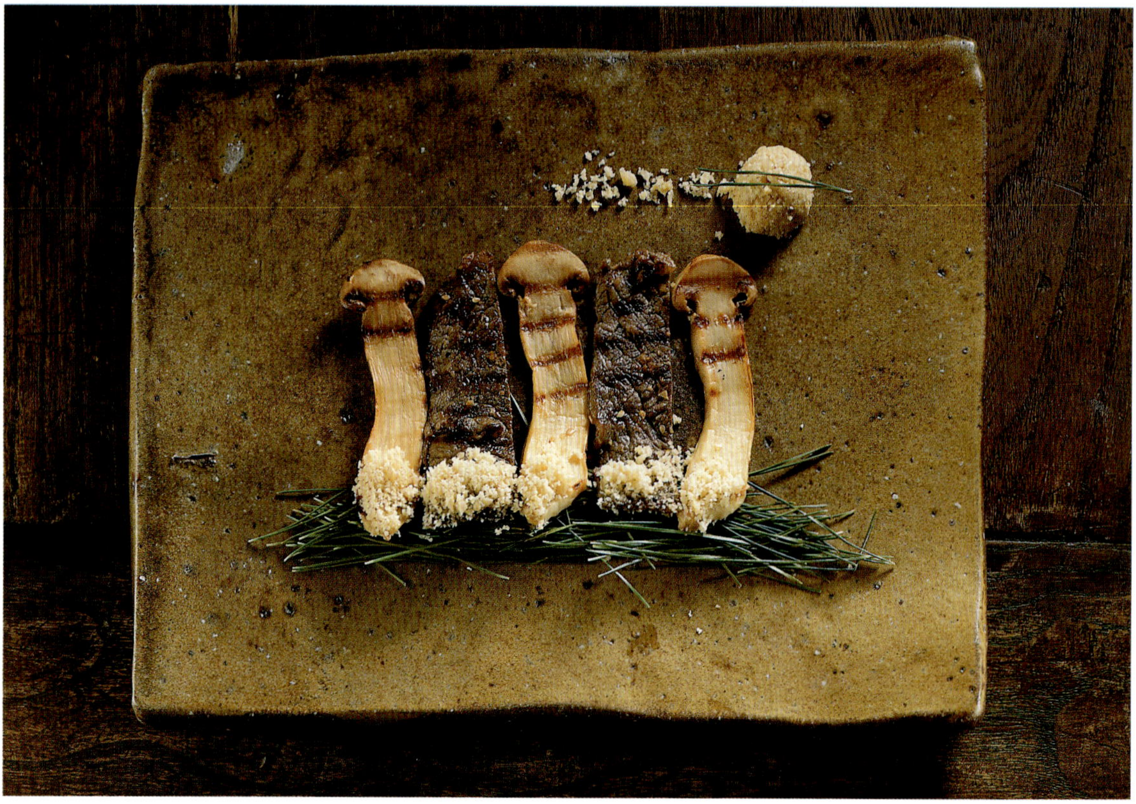

삼색나물

3가지 색이 되는 숙채 나물로 보편적으로 흰색, 초록색, 갈색으로 색을 맞춰 어울려 담는다.

| 준비하기 |

| 도라지 나물 |

통도라지 150g(소금)
다진 파 2작은술
다진 마늘 1작은술
소금 ½작은술, 육수 2큰술
깨소금 · 참기름 1작은술씩

| 시금치 나물 |

시금치 150g
다진 파 ½큰술
다진 마늘 · 소금 ½작은술
참기름 · 깨소금 ½큰술씩

| 고사리 나물 |

고사리 150g, 집간장 ½큰술
다진 파 2작은술
다진 마늘 1작은술
깨소금 · 참기름 2작은술씩
후춧가루 · 육수 · 식용유 약간씩

| 만들기 |

1. 껍질 벗긴 통도라지는 끓는 물에 소금을 약간 넣어 부드럽게 데친 뒤 5~6cm 길이로 넓적하게 썰어 팬에 기름을 두르고 볶다가 육수를 넣고 소금, 다진 파와 마늘, 참기름, 깨소금으로 양념해 볶는다.
2. 시금치는 깨끗하게 뿌리쪽을 다듬어 씻어서 물에 소금을 약간 넣고 살짝 데친 후 찬물로 여러번 헹궈 물기를 짜고 다진 파, 다진 마늘, 참기름, 소금, 깨소금 등으로 양념해 조물조물 무친다.
3. 고사리는 윗부분의 억센 줄기를 다듬어 잘라내고 5~6cm길이로 썰어서 집간장과 다진 파, 다진 마늘로 양념해 열이 오른 팬에 기름을 두르고 볶다가 육수를 약간 넣고 볶아 나물이 부드럽게 되면 깨소금과 참기름을 넣어 맛을 내고 부족한 간은 소금으로 맞춘다.
4. 위의 준비한 나물을 접시에 옆옆이 담고 실고추를 짧게 끊어 얹는다.

송이버섯과 쇠고기구이

가을이 제철인 송이는 특히 향이 좋아
양념을 많이 하지 않아야 송이 고유의 향을 음미할 수 있다

| 준비하기 |

| 송이구이 |

송이버섯
(또는 새송이버섯) 100g
참기름 1큰술, 소금 ½작은술

| 고기구이 |

쇠고기 300g, 간장 2½큰술
설탕 1큰술, 꿀 ½큰술
다진 파 2큰술, 다진 마늘 1큰술
깨소금 · 참기름 ½큰술씩
청주 1큰술, 후춧가루 약간

| 잣소금 |

잣가루 2큰술, 소금 1작은술

| 만들기 |

1. 쇠고기는 채끝살이나 등심으로 준비해 기름기를 제거하고 폭 3cm, 길이 7cm 정도 크기로 썬다.
2. 분량의 재료를 섞어 양념장을 만들어 손질한 고기에 넣고 주물러 양념한다.
3. 송이버섯은 옅은 소금물에 담가 손으로 살살 문질러 살짝 씻은 뒤 길게 3mm 두께로 썬다(새송이버섯은 물에 살짝 씻어 역시 3mm 두께로 길게 썬다).
4. 손질한 송이버섯은 참기름과 소금을 뿌려 밑간해 둔다.
5. 팬에 기름을 두르고 먼저 송이버섯을 구워 꺼내 놓고 양념한 쇠고기를 굽는다. 접시에 송이버섯과 쇠고기를 한 개씩 번갈아가며 담고 밑둥에 잣가루에 소금을 섞은 잣소금을 약간 뿌리고 또 따로 조금 곁들여 담는다.

닭찜

손질한 닭고기를 먼저 기름 두른 팬에 노릇노릇하게 지진 후에
양념장을 넣어 조려야 더 구수한 맛이 나며 보기에도 먹음직스러워 보인다.

| 준비하기 |

중닭 1마리
당근 ½개
표고버섯 3장
양파 ½개
밤 4개, 대추 10개
식용유 약간
물 2컵

| 양념장 |

간장 6큰술
설탕 3큰술
생강즙 2작은술
다진 파 3큰술
다진 마늘 1큰술
청주 2큰술
후춧가루 약간

| 만들기 |

1 닭은 내장을 제거하고 깨끗이 손질해 씻어 알맞은 크기로 뼈째 토막을 친다. 손질한 닭고기는 물기가 빠지게 체에 밭쳐 둔다. 그래야 누린내가 덜 난다.
2 당근은 큼직하게 썰어 가장자리를 다듬는다.
3 표고버섯은 미지근한 물에 불려서 밑동을 떼어내고 2~4등분한다.
4 양파도 껍질을 벗기고 버섯과 비슷한 크기로 큼직하게 썰어 준비한다.
5 밤은 속껍질까지 벗겨 반으로 썰고 대추는 물에 불려 깨끗하게 씻어 놓는다.
6 분량의 재료를 모두 넣고 고루 섞어 양념장을 만든다.
7 바닥이 두툼한 냄비에 기름을 약간 두르고 뜨겁게 달군 뒤 먼저 손질한 닭고기를 넣어 노릇노릇 해지도록 볶는다.
8 당근과 양파, 버섯을 차례로 넣고 볶다가 물을 붓고 준비한 양념장을 절반만 넣어 끓인다. 처음에는 센불로 끓이다가 한소끔 끓고 나면 불을 줄여 약 10분쯤 더 조린 뒤 약한 불에서 은근히 조린다.
9 국물이 거의 졸아들면 나머지 양념장과 대추를 넣고 고루 뒤적여준 뒤 뚜껑을 연 채로 윤기나게 조린다.

 상에 낼때는 달걀을 황백으로 나누어 지단을 부친 후 골패모양으로 썰어 고명을 얹어 내면 보기에 좋다.

송이전골

전골이 찌개와 다른 것은 상 위에서 직접 끓여가며 익혀 먹는다는 것이다.
주재료가 무엇이냐에 따라 다양한 맛을 낼 수 있는데 특히 가을엔 버섯전골이 좋다.

| 준비하기 |

송이버섯 100g
표고버섯 6장
팽이버섯 100g
참느타리버섯 100g
쇠고기 · 무 100g씩
양파 ½개, 실파 100g
붉은 고추 2개

| 전골국물 |

육수 3컵
집간장 1큰술
소금 ½작은술
후춧가루 약간

| 쇠고기 · 표고 양념 |

간장 1½큰술
설탕 1작은술
다진 파 · 마늘 약간씩
후춧가루 약간
깨소금 · 참기름 약간씩

| 만들기 |

1 송이버섯은 흙이 묻어있는 끝부분을 얇게 저며내고 소금물에 담가 손으로 살살 문질러 씻고 길이로 3mm 두께로 썬다.
2 표고버섯은 불려서 밑동을 굵게 채썬다. 팽이버섯은 밑동의 뭉친 부분을 잘라내고 적당한 굵기로 가닥을 나누고, 참느타리버섯은 밑동 끝만 조금 잘라내고 작은 것은 그대로 굵은 것은 적당한 굵기로 찢는다.
3 쇠고기는 채썬다.
4 무는 껍질을 벗기고 씻어 2cm×4cm 크기로 납작하게 썰고 양파는 채썬다. 실파는 다듬어서 4cm 길이로 썰고 고추는 반으로 갈라서 씨를 털어내고 4cm 길이로 채썬다.
5 기름기를 걷고 준비한 양지머리 육수에 집간장과 소금, 후춧가루로 간을 한다.
6 분량의 재료를 섞어서 양념장을 만들어 표고버섯과 쇠고기에 나누어 넣고 주물러 밑간해 둔다.
7 전골냄비에 먼저 무와 양파를 밑에 깔고 가운데 송이버섯을 담은 뒤 나머지 준비한 재료들은 가상자리로 돌려 담고 육수를 부어 끓인다.

조기조림

조기를 손질하여 쇠고기, 무를 넣어 간장양념으로 조린 음식.

| 준비하기 |

조기(중) 1마리
쇠고기 100g, 무 150g
양파 ½개, 풋고추 1개
붉은 고추 1개, 대파 1대
물 1½컵

| 양념장 |

간장 2큰술, 설탕 1작은술
청주 1큰술, 다진 마늘 ½큰술
다진 생강 1작은술
깨소금·참기름 약간씩
후춧가루 약간

| 만들기 |

1 조기는 비늘을 긁고 지느러미를 잘라낸 뒤 아가미 쪽으로 내장을 제거하고 깨끗이 씻어 3토막 낸다.
2 분량의 재료들을 고루 섞어 양념장을 만든다.
3 쇠고기는 채썰어 양념장의 반을 넣고 버무려둔다.
4 무는 2cm×4cm 크기로 도톰하게 썰고 양파는 채썬다. 고추는 어슷썰어 씨를 털어내고 대파도 어슷썬다.
5 냄비에 먼저 무와 양파를 넣고 남은 양념장을 넣은 뒤 물 1½컵을 붓고 끓여 무가 반 정도 익으면 손질한 조기와 양념한 쇠고기를 넣고 끓인다.
6 한소끔 끓고 나면 불을 줄여 맛이 잘 배게 은근히 조린 후 고추와 대파를 넣고 잠깐 끓인 뒤 불을 끈다.

토란탕

양지머리 육수에 손질하여 데친 토란을 넣어 끓인 국으로
특히 추석 때는 송편과 함께 토란탕이 빠지지 않은 절기음식으로 꼽힌다.

| 준비하기 |

토란 3컵
양지머리 300g
(물 8컵, 대파 2대, 마늘 6쪽)
다시마 2g, 대파 1대
다진 마늘 1큰술
후춧가루 약간
집간장 2큰술

| 만들기 |

1 토란은 껍질을 벗겨 쌀뜨물 또는 식초 탄 물에 씻어 큰 것은 자르고 작은 것은 그대로 하여 소금물이나 속뜨물에 부드럽게 삶아 미끈거리는 것을 없애고 찬물에 깨끗이 헹군다.
2 양지머리는 찬물에 담가 핏물을 뺀 뒤 냄비에 물을 붓고 대파, 마늘을 넣어 50분 정도 푹 끓여 국물이 맛있게 우러나면 마늘과 대파는 건져버리고 익은 고기는 납작납작하게 썬다.
3 다시마는 깨끗이 씻어 골패모양으로 썰고 대파는 어슷 썬다.
4 ②의 육수에 썬 고기와 다시마, 삶은 토란을 넣고 끓으면 다진 마늘과 어슷 썬 파를 넣고 집간장, 소금, 후춧가루로 간하여 다시 한번 끓인다.

송편

햅쌀을 빻아 익반죽하여 햇녹두, 청태콩, 깨, 팥 등을 소로 넣고 송편을 빚는다.

| 준비하기 |

| 흰색송편 |
멥쌀가루 4컵
소금 ½작은술
뜨거운 물 6~8큰술

| 쑥송편 |
멥쌀가루 4컵
삶은 쑥 40g
소금 ½작은술
뜨거운 물 6~8큰술

| 대추송편 |
멥쌀가루 4컵
대추 20개
소금 ½큰술
뜨거운 물 6~8큰술

| 소 |
녹두 3컵, 설탕 ⅔컵
계핏가루 ½작은술
소금 약간
참기름 약간
솔잎 적당량

| 만들기 |

1 녹두는 불렸다가 껍질을 벗기고 찜통에 푹 쪄서 뜨거울 때 절구에 찧어 중간 체에 내린다(p. 63 단호박편 참조). 프라이팬에 체에 내린 녹두와 분량의 설탕을 넣고 뭉근한 불에서 주걱으로 저어가며 볶아 손으로 쥐어질 정도가 되면 계핏가루를 넣고 섞은 뒤 조그맣게 뭉쳐 송편 소를 만든다.

2 멥쌀은(6컵 정도) 깨끗이 씻어 하룻밤 불렸다가 건져 물기를 빼고 3등분 해서 흰색송편용 쌀가루는 그대로 소금간만 해서 빻아 고운 체에 내린다.

3 쑥송편용은 삶은 쑥과 소금을 넣고 빻아 고운 체에 내린다.

4 대추송편에 쓸 멥쌀은 소금간을 해서 빻은 후 곱게 다진 대추를 섞어 체에 내린다.

5 준비한 각각의(3가지색) 쌀가루에 끓는 물을 조금씩 넣어 익반죽한다. 반죽은 오래 치대어 보드랍게 한다. 반죽한 것을 조금씩 떼어 지름 2.5cm 크기로 둥글게 빚어 가운데에 송편 소를 넣고 공기가 들어가지 않도록 꼭꼭 쥐어 다시 둥글게 한 다음 송편 모양으로 빚는다.

6 솔잎은 씻어 건져 그늘에서 물기를 뺀다.

7 찜기에 베보자기를 깔고 솔잎을 두둑히 얹은 뒤 그 위에 송편을 가지런히 놓고 다시 솔잎을 덮고 송편을 얹는다. 반복하여 안친 다음 베보자기를 덮어 찐다. 김이 올라오면 뚜껑을 덮고 푹 쪄서 뜸을 들인 후 한 개를 찬물에 넣었다가 잘라보아 완전히 익었으면 꺼낸다. 솔잎을 떼어내고 참기름에 소금을 약간 넣어 잘 섞은 후 송편을 넣어 버무려낸다.

배숙

생강물을 낸 다음 배에 통후추를 박아서 황설탕과 함께 끓인 후 식혀 차게 마시는 음료이다.
배가 나오기 시작하는 추석 즈음에서부터 겨울에 주로 마신다.

| 준비하기 |

배(중) 2개
통후추 1큰술
생강 50g, 물 10컵
황설탕 1½컵
잣 약간

| 만들기 |

1 배는 8등분하여 껍질을 벗기고 씨를 제거한 뒤 모서리를 둥글게 다듬고 통후추를 3개씩 깊숙하게 박는다.

2 생강은 껍질을 벗기고 얇게 썰어 냄비에 물을 붓고 서서히 끓인다.

3 ②의 생강물이 우러나면 체에 내려 다시 냄비에 붓고 황설탕과 배를 넣어 다시 서서히 끓인다.

4 배가 충분히 무르게 익으면 불을 끄고 식혀서 그릇에 담고 잣을 띄운다.

4. 동지 상차림

민가에서는 동짓날을 작은 설이라 하여 설과 마찬가지로 시작의 의미를 부여했다. 하지부터 짧아지기 시작한 낮의 길이가 동지를 기점으로 다시 길어지기 때문에 고대인들은 이날 태양이 다시 부활한다고 여겼으며 중국 주나라에서는 동짓날을 설로 삼기도 했다고 한다. 또 '동지를 지나야 한 살 더 먹는다', '동지팥죽을 먹어야 진짜 나이를 한 살 더 먹는다'고 한 것으로 보아 동지를 신년원단으로 하는 풍속이 적지 않았음을 엿볼 수 있다.

동지의 대표적인 절식은 팥죽이다. 옛날 중국에 동짓날 죽어 역신이 된 이가 평소에 팥을 두려워했다고 한다. 이에 사람들이 역신을 쫓기 위해 동짓날 팥죽을 쑤기 시작했다고 한다. 그래서 동지에는 액막이의 풍습으로 새알모양의 찹쌀옹심이를 넣은 팥죽을 쑤어 이웃에 돌려가며 나눠먹는데 새알심은 나이 수대로 넣어 먹는 풍습이 있다. 한편 동지가 초순에 들면 애동지, 중순에 들면 중동지, 그믐께 들면 노동지라 했는데 애동지에 죽을 쑤면 아이들이 아프다는 속설이 있어 대신 떡을 했다고도 한다. 이 외에도 팥죽과 함께 동치미가 곁들여졌으며 겨울에 한창 달고 맛있는 무를 넣어 만든 무시루떡과 수정과 등이 동지음식으로 꼽힌다.

팥죽

동짓날 팥죽을 쑤어 새알심을 나이 수대로 넣어 먹으면 한해 동안 액을 막는다고 했다.

| 준비하기 |

붉은 팥 1컵
물 10컵
불린 쌀 ½컵

| 새알심 |

찹쌀가루 ½컵
소금 약간
생강즙 ⅓작은술
팥 삶은 물 1~2큰술

| 만들기 |

1 팥을 깨끗이 씻어 일어 건진 후 물을 3~4컵 붓고 끓여 떫은 맛이 나지 않도록 끓인 첫 물은 버린 다음 다시 물 10컵을 부어 팥알이 푹 퍼지도록 삶는다.

2 잘 삶아진 팥은 굵은 체에 걸러서 껍질을 제거하고 팥물은 그대로 두어 앙금을 가라앉힌다.

3 찹쌀가루에 소금을 약간 넣고 고루 섞은 뒤 생강즙과 팥 삶은 물을 넣어 익반죽하여 지름 1cm 정도 크기로 새알심을 빚어 끓는 물에 삶은 뒤 찬물에 헹궈 건져둔다.

4 냄비에 ②에서 맑은 윗물만 가만히 따라 붓고 끓여 한소끔 끓으면 불린 쌀을 넣고 가끔씩 저어가며 끓인다.

5 쌀알이 익어 알맞게 퍼지면 가라앉은 팥앙금을 넣고 눋지 않게 잘 저어가며 약한 불에서 윤기나게 끓인 다음 삶아 건져둔 새알심을 넣어 한소끔 끓인다.

6 짙은 팥색이 나고 새알심이 떠오르면 소금으로 간을 하여 낸다. 기호에 따라 설탕을 넣어 먹는다.

무시루떡

쌀가루에 채썬 무를 넣고 훌훌 섞어 팥고물을 넉넉히 얹어 찐 시루떡으로
무가 한창 맛있는 겨울철에 해먹으면 더욱 맛있다.

| 준비하기 |

멥쌀 5컵
(쌀가루 11컵 정도)
소금 1큰술
붉은 팥 2½컵
(소금 ½큰술)
무 700g

| 만들기 |

1 멥쌀은 깨끗이 씻어 일어 불린 다음 건져 물기를 뺀 뒤 소금을 넣어 빻는다.
2 팥은 물을 넉넉히 부어 한번 우루루 끓으면 쏟아 버리고 다시 물을 부어 팥이 무를 때까지 삶는다. 팥이 거의 익으면 냄비에 남아있는 물을 따라내고 뜸을 들인 다음 큰 그릇에 쏟고 소금 ½큰술을 넣어 찧는다. 팥알이 그대로 남아있는 것도 섞여있을 만큼만 적당히 찧는다.
3 무는 깨끗이 씻어 채썰어 ①의 쌀가루에 넣어 고루 버무린다. 이때 무가 매우 면 설탕을 약간 넣고 같이 버무려도 좋다.
4 시루에 시루번과 물기를 꼭 짠 베보자기를 깔고 팥고물을 ¼분량쯤 덜어 깐 다음 무와 섞은 쌀가루를 반만 덜어 얹는다. 그 위에 팥고물을 ¼분량 얹은 다음 다시 쌀가루를 얹고 남은 팥고물을 모두 얹은 후 베보자기를 덮어 약 40분간 찐다.
5 젓가락으로 찔러보아 쌀가루가 묻어나오지 않으면 익은 것이다. 큰 쟁반이나 접시에 시루를 뒤집어 엎어서 꺼낸 다음 베보자기를 떼어내고 식은 다음 적당한 크기로 자른다.

제 4 부

초대 상차림

유자청

유자향이 그윽한 전통 음청류. 유자 속에 설탕에 버무린 밤, 대추, 석이버섯채를 넣고 꼭 아물려 시럽에 절여두었다가 차게 해서 먹는다.

| 준비하기 |

유자 4개
밤 7개, 대추 15개
석이버섯 10g
설탕 ⅔컵
시럽(설탕 4컵, 물 4컵)
소금 약간, 면실

| 만들기 |

1 유자는 깨끗이 씻어 껍질을 아주 얇게 벗겨버리고 소금을 약간 넣은 끓는 물에 손질한 유자를 살짝 넣었다 바로 건진다.

2 밤은 껍질을 벗겨 곱게 채썰고 대추도 깨끗이 씻어 물기를 닦고 씨를 뺀 뒤 곱게 채썬다. 석이버섯은 뜨거운 물에 담가두었다가 부드러워지면 비벼 씻어 깨끗이 손질한 다음 물기를 닦고 곱게 채썬다.

3 냄비에 물과 설탕을 같은 분량으로 섞어 끓여 시럽을 만들어 식혀둔다.

4 껍질 벗긴 유자를 8등분으로 칼집을 넣어 속심을 꺼낸 다음 알맹이를 꺼내 씨를 발라내고 한 조각을 각각 3~4쪽으로 썰어 밤채, 대추채, 석이버섯채와 설탕을 넣고 고루 섞어 다시 유자 속에 ⅔쯤 채워 윗부분을 아물려 면실로 묶는다. 이것을 항아리에 담고 시럽을 부어 뜨지 않게 돌로 눌러 두고 뚜껑을 덮어 냉장고에서 1개월 정도 익힌다.

5 먹을 때는 실을 풀고 썰어 유자 2~3조각과 국물을 함께 담아 낸다.

1. 봄 초대상

상차림의 형태는 크게 일상식과 의례음식, 손님 접대음식에 따라 달라지는데 접대음식의 상차림은 목적과 때에 따라 주안상, 다과상, 교자상으로 구분한다.

주안상

1948년 손정규의 「우리음식」에 따르면 주안상은 술을 주로 한 안주상이며, 안주 수효는 많지 않아도 술 먹는 사람이 좋아하는 안주는 갖추어 놓는다고 했으며 맑은 국(또는 매운탕), 김치, 포, 회, 전, 젓갈, 과실 등을 예로 들고 있다.

교자상에도 술이 따르긴 하지만 여기서 주안상이라 함은 식사보다는 술이 주가 되는 상차림을 말한다. 따라서 주안상의 음식은 안주 위주로 차리게 되는데 초대된 손님의 연령, 술의 종류, 식사 전인지 후인지를 배려해 식단을 짜는게 바람직하다.

보통 약주를 내는 주안상에는 육포, 어포 등의 마른안주와 전이나 편육, 찜 중에서 한가지와 찌개, 전골, 신선로 같은 국물 음식 한가지 그리고 김치 등을 올리며 과일과 떡, 한과류를 함께 내기도 한다.

다과상

식사 시간 외에 찾아온 손님에게 다과만을 대접하는 경우와 식사 후의 후식으로 내는 경우가 있다. 다과상에 오르는 음식은 떡과 한과류, 음청류, 그리고 생과일이 대표적이며 다과상만을 낼 때는 떡과 한과류를 조금 넉넉히 준비하고, 후식으로 낼 때는 조금 간소하게 준비해도 좋다.

다과상 역시 계절감을 살려 준비하는게 바람직하다. 봄에는 진달래화전이나 쑥떡, 화채 등이 무난하고, 여름엔 증편이나 오미자편, 시원한 화채가 좋고, 가을엔 다식, 약과, 녹차, 유자화채가 어울리고 겨울엔 약식, 강정, 유자화채, 수정과, 식혜 등이 입맛을 돋운다.

| 봄 초대상(주안상) 차리기의 실제 |

앞에 내는 음식 오이선, 어선
중간에 내는 음식 안심편채, 해물파전, 대합구이
국물 음식 도미면, 석류탕
후식 진달래화전, 진달래화채

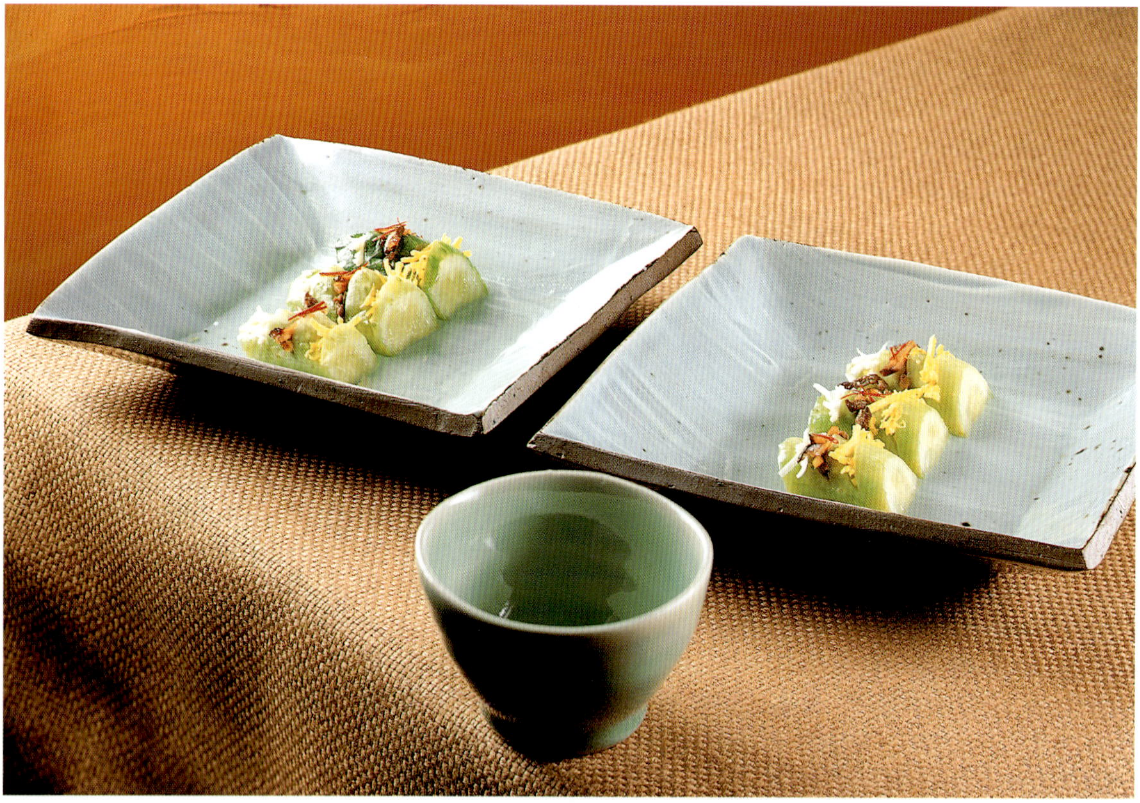

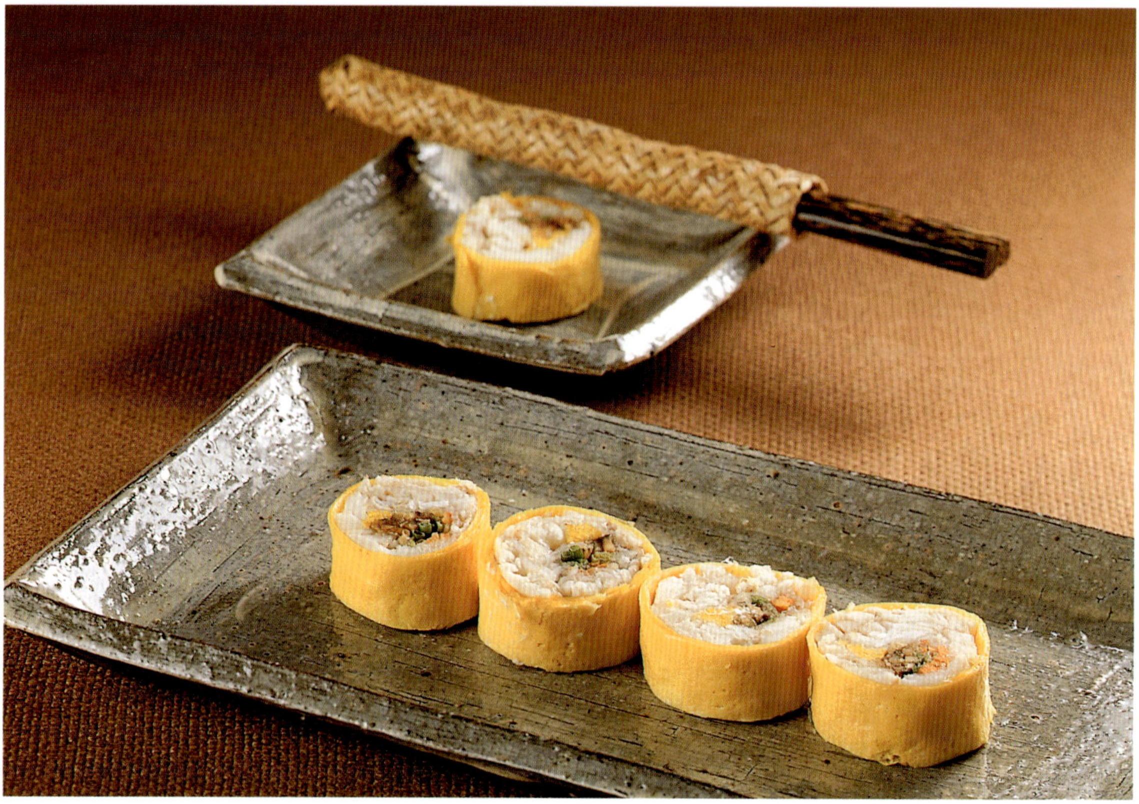

오이선

오이를 한입 크기로 어슷 썰어 고명을 넣고
새콤달콤한 촛물을 끼얹어 먹는 상큼한 음식이며 전채요리로 좋다.

| 준비하기 |

오이 1개
(물 1컵, 소금 1½큰술)
불린 표고버섯 2장
쇠고기 20g, 달걀 1개
간장 2작은술, 설탕 1작은술
깨소금 · 참기름 약간씩
후춧가루 · 식용유 약간씩

| 촛물 |

식초 ⅓큰술
설탕 1큰술
소금 ⅓작은술
물 1큰술

| 만들기 |

1. 오이는 깨끗이 손질하여 길이로 반을 잘라 4cm 길이로 어슷하게 썬다.
2. 손질한 오이에 1cm 간격으로 3번 어슷하게 칼집을 넣어 소금물에 절인다.
3. 불린 표고버섯과 쇠고기는 2cm 길이로 곱게 채썰어 간장, 설탕, 참기름, 깨소금, 후춧가루로 양념해 바싹 볶는다.
4. 달걀은 황백으로 얇게 지단을 부쳐 표고와 같은 길이로 곱게 채썬다.
5. 절인 오이는 면보에 싸서 물기를 제거한 뒤 뜨겁게 달군 팬에 기름을 약간 두르고 센불로 살짝, 파랗게 볶아 면보로 여분의 기름기를 닦아내고 식힌다.
6. 오이 칼집 사이에 노란색 지단, 볶은 쇠고기와 표고버섯, 흰색 지단을 차례대로 알맞게 끼운다.
7. 촛물을 새콤하게 만들어 상에 내기 직전에 오이선 위에 끼얹어 낸다.

어선

달걀지단 위에 넓게 포 뜬 흰살생선을 놓고 소를 얹어 꼭꼭 말아 찜통에 쪄낸 음식이다.
어선은 민어나 광어 등 신선한 흰살생선으로 만든다.

| 준비하기 |

민어(광어 또는 도미) 150g
표고버섯 5장
(간장 1½큰술, 설탕 1작은술)
달걀 2개
당근 50g(소금, 참기름)
미나리 약간
녹말가루 적당량
식용유 적당량

| 생선 밑간 |

소금 · 청주 · 생강즙 약간씩

| 만들기 |

1. 흰살생선은 넓게 포를 떠 소금, 청주, 생강즙을 뿌려 재워 두었다가 물기를 닦는다.
2. 표고버섯은 부드럽게 불려서 밑동을 떼고 물기를 꼭 짠 뒤 곱게 채썰어 간장, 설탕으로 양념해 볶는다.
3. 달걀은 곱게 풀어 지단 2장을 부쳐 한 장은 5cm 길이로 채썬다.
4. 미나리는 파랗게 데치고 당근은 5cm 길이로 채썰어 데친 다음 소금과 참기름으로 양념한다.
5. 김발 위에 물기를 꼭 짠 젖은 면보를 깔고 지단을 놓고 녹말가루를 뿌린 뒤 생선살을 펴놓고 다시 녹말가루를 뿌려가면서 지단 크기만하게 연결한 다음 준비한 표고버섯과 당근, 미나리, 채썬 달걀지단을 가지런히 얹어 꼭꼭 만다.
6. 면보에 싼 채로 김 오른 찜통에서 15분 정도 찐다. 식으면 1.5cm 길이로 둥글게 썰어 초간장과 함께 낸다.

106 아름다운 한식 상차림

안심편채

쇠고기를 양념하여 찹쌀가루를 묻혀 지져서 야채와 함께 싸 먹는 음식이다.

| 준비하기 |

쇠고기(안심) 250g
간장 1½큰술, 설탕 2작은술
다진 마늘 1작은술
다진 파·깨소금 1큰술씩
찹쌀가루 ⅔컵, 식용유 적당량
참기름 1큰술, 후춧가루 약간

| 야채류 |

오이 ½개, 당근 1/4개
셀러리 5cm길이 1대
팽이버섯 50g
무순·치커리 약간씩

| 겨자소스 |

겨자 갠 것 1큰술
식초·물 2큰술씩
설탕 2작은술, 소금 1작은술

| 만들기 |

1 둥글게 모양이 잡힌 안심으로 준비해 2mm 두께로 썰어 양념장에 가볍게 무친 후 앞뒤 골고루 찹쌀가루를 묻혀 뜨겁게 달군 팬에 기름을 조금 두르고 지져낸다.
2 오이, 당근, 셀러리는 깨끗이 손질해 5cm 길이로 가늘게 채썬다.
3 무순은 뿌리 쪽을 약간 잘라내 씻어 놓고 치커리는 연한 것으로 준비해 깨끗이 씻어 무순과 비슷한 길이로 잘라 물기를 말끔히 제거한다.
4 팽이버섯은 뭉친 밑동을 잘라내고 씻어 물기를 제거한다.
5 ①의 고기에 준비된 야채를 조금씩 골고루 넣고 말아 겨자소스를 곁들여 낸다.

해물파전

실파와 해산물 등을 밀가루 반죽에 얹어 지진 것으로 술안주로 좋다.
재료들은 반죽에 섞기 전 밀가루로 살살 버무려 두어야 반죽과 잘 어우러진다.

| 준비하기 |

실파 100g
소금·참기름·밀가루 약간씩
오징어 ½마리
새우살·조갯살 30g씩
붉은 고추 ½개
식용유 적당량

| 해물 밑간 |

소금·후춧가루·생강즙 약간씩
밀가루 약간

| 반죽 |

밀가루 1컵
찹쌀가루 3큰술
육수 1컵, 달걀 1개

| 만들기 |

1 실파는 다듬어 씻어 물기를 뺀 뒤 소금, 참기름으로 양념해 밀가루를 가볍게 묻힌다.
2 오징어는 껍질을 벗기고 씻어서 굵게 다져 소금, 후춧가루, 생강즙으로 밑간한 후 밀가루를 조금 넣고 살살 버무려둔다.
3 조갯살과 새우도 소금물에 씻어 깨끗이 헹구고 소금과 후춧가루, 생강즙으로 밑간한 후 밀가루를 조금 뿌려둔다.
4 붉은 고추는 2cm 길이로 채썬다.
5 밀가루에 찹쌀가루를 섞고 육수 1컵과 달걀 흰자만 넣어 잘 풀어 소금으로 간한다.
6 열이 오른 팬에 기름을 넉넉히 두르고 ①의 실파를 ⑤의 반죽에 담구었다가 팬에 가지런히 펴서 올린 뒤 반죽을 조금 붓고 해물과 붉은 고추를 얹고 그 위에 노른자를 뿌려 색을 낸 후 앞뒤로 노릇하게 지진다.

대합구이

대합살, 쇠고기, 두부를 섞어 양념해
다시 대합 껍데기에 담아 밀가루, 달걀을 묻혀 지진다.

| 준비하기 |

대합 3개
다진 쇠고기 30g(갖은 양념)
두부 15g(참기름·소금 약간)
밀가루 약간
달걀물 약간
붉은 고추 약간
쑥갓 약간

| 대합양념 |

다진 마늘 1작은술
깨소금 ½작은술
참기름 ½작은술
소금·후춧가루 약간씩

| 만들기 |

1 대합은 옅은 소금물에 담가 해감을 뺀 다음 껍데기를 벌려 살을 발라내고 내장을 제거한 뒤 굵직하게 다진다. 껍데기는 끓는 물에 데쳐 소독해 둔다.
2 다진 쇠고기는 갖은 양념을 하고 두부는 으깨어 면보에 싸 물기를 꼭 짠 뒤 참기름과 소금으로 양념한다.
3 다진 대합살에 분량의 양념을 넣어 고루 무친 뒤 밑간한 고기와 두부를 섞어 반죽한다.
4 대합 껍데기에 밀가루를 살짝 뿌리고 ③의 재료를 소복하게 담은 뒤 밀가루를 살짝 뿌리고 달걀물을 고루 바른 뒤 붉은 고추와 쑥갓 잎을 고명으로 얹어 팬에 기름을 두르고 엎어놓아 살며시 누르면서 노릇하게 지진다.
5 열이 오른 찜통에 ④의 지진 대합을 넣고 10분 정도 익힌다. 또는 석쇠에 구워도 좋다.

대합 껍데기 또는 대합에 속을 채운 다음 다시 밀가루를 뿌릴 때처럼 적은 면적에 조금만 뿌려야 할 경우에는 손으로 뿌리는 것보다는 밀가루를 작은 체에 담아 약간 높이 들고 손으로 탁탁 쳐서 뿌리면 좀더 쉽게 골고루 뿌릴 수 있다.

도미면

신선한 도미살을 포떠서 전을 부쳐 익힌 고기와 야채를 함께 끓이면서 당면을 넣어 먹는 것으로 대표적인 궁중전골이다.
승기악탕이라는 별칭을 갖고 있다.

| 준비하기 |

쇠고기 양지머리 300g
(대파, 마늘, 물 6컵)
간장 1큰술
설탕 1작은술
깨소금 ½큰술
참기름 1작은술
다진 파 1큰술
다진 마늘 ½큰술
후춧가루 약간

| 도미전 |

도미 1마리
소금·흰후춧가루 약간씩
밀가루·달걀·식용유 적당량

| 간전 |

간 70g(소금, 우유)
소금·후춧가루 약간씩
메밀가루·식용유 적당량

| 처녑전 |

처녑 70g(소금, 밀가루)
소금·후춧가루·생강즙 약간씩
밀가루·달걀 적당량
식용유 적당량

| 부재료 |

달걀 2개
표고버섯 4장
실파 60g, 붉은 고추 2개
양파 ½개, 당면 30g
쑥갓 약간

| 국물 |

육수 4컵, 집간장 1½큰술
소금 1작은술
후춧가루 약간

| 만들기 |

1. 쇠고기는 양지머리와 사태로 준비하여 냉수에 담가 핏물을 뺀 뒤 물 6컵을 붓고 파, 마늘을 넣어 1시간 정도 끓여 고기가 푹 무르면 건져 넓적하게 썰어 갖은 양념을 한다. 육수는 체에 젖은 면보를 깔고 밭쳐 기름기를 제거한 뒤 집간장과 소금, 후춧가루로 간해 전골 국물을 준비해둔다.

2. 도미는 비늘을 싹싹 긁고 내장을 제거한 뒤 3장으로 포를 뜬 후 소금, 흰후춧가루를 뿌렸다가 수분을 제거하고 밀가루, 달걀물을 묻혀 열이 오른 팬에 기름을 두르고 앞뒤로 노릇하게 지진다.

3. 간은 소금으로 문질러 씻은 뒤 우유에 담궜다 건져 깨끗이 씻은 후 4mm 두께로 썰어 소금, 후춧가루를 뿌렸다가 메밀가루를 묻혀 지진다.

4. 처녑은 1장씩 떼어 소금과 밀가루로 박박 문질러 씻은 후 끓는 물에 잠시 넣었다 건져 검은 부분을 벗기고 소금, 후춧가루, 생강즙에 재워 두었다가 물기를 닦고 밀가루, 달걀물을 묻혀 지져서 사방 3cm 크기로 자른다.

5. 달걀은 황백으로 나누어 도톰하게 지단을 부쳐 1cm×4cm 크기로 썬다.

6. 당면은 미지근한 물에 불려서 10cm 길이로 자르고 표고버섯은 불려서 채썰어 양념한다. 실파는 4cm 길이로 썰고 붉은 고추도 1cm×4cm 크기로 썬다. 양파는 채썰고 쑥갓은 씻어 짧게 끊어둔다.

7. 전골 냄비에 포를 뜨고 난 도미를 담고 그 위에 채썬 양파, 양념한 고기, 간전, 처녑전, 도미전을 얹은 후 그릇 둘레로 나머지 재료들을 얹고 간한 육수를 부어 끓인다.

8. 국물이 끓으면 불린 당면을 한옆에 넣어 같이 끓이면서 마지막에 쑥갓을 얹어 한소끔 끓인다.

석류탕

늦가을 석류가 벌어진 모양을 본떠서 빚은 만두.
만두피가 얇아야 하고 소도 조금만 넣고 만들어 담백한 맛을 낸다.

| 준비하기 |

밀가루 1⅓컵
물 5큰술, 소금 1작은술
닭가슴살 100g
쇠고기 50g
표고버섯 3장, 두부 50g
무 100g, 미나리 5줄기
숙주 50g, 잣 1큰술
소금 ½큰술
다진 파 1큰술
다진 마늘 2작은술
깨소금 1큰술
참기름 1작은술
소금·후춧가루 약간씩

| 고기 밑간 |

다진 파 1큰술
다진 마늘 ½큰술
소금 ⅓작은술
참기름·깨소금 약간씩
후춧가루 약간

| 국물 |

쇠고기 육수 6컵
(양지머리 300g, 파 1대
마늘 1통 물 8컵)
집간장 2큰술
소금·후춧가루 약간씩

| 고명 |

달걀지단 약간

| 만들기 |

1 쇠고기와 닭고기는 곱게 다져 분량의 고기 양념으로 밑간해 둔다.
2 표고버섯은 부드럽게 불려서 밑동을 뗀 뒤 물기를 짜 곱게 채썰고 무는 껍질을 벗겨 3cm 길이로 곱게 채썰어 끓는 물에 데친다. 숙주, 미나리도 깨끗이 손질해 데쳐서 송송 썬다.
3 두부는 젖은 면보에 싸서 으깨 물기를 꼭 짠다.
4 양념한 고기와 표고버섯, 무, 숙주, 미나리, 으깬 두부 등 준비한 재료들을 모두 넣고 다진 파, 다진 마늘, 깨소금, 참기름, 소금, 후춧가루로 양념해 치대어 만두소를 만든다.
5 밀가루를 말랑하게 반죽하여 조금씩 떼서 지름 7cm 정도 크기로 얇게 밀어 소를 조금 넣고 잣을 한 두개씩 넣어 위가 석류 모양으로 벌어지게 빚는다.
6 양지머리는 찬물에 담가 핏물을 뺀 뒤 냄비에 물 8컵 정도를 붓고 파, 마늘을 넣어 50분 정도 끓인다. 국물이 우러나면 체에 젖은 면보를 깔고 밭쳐 육수의 기름기를 제거한 뒤 집간장, 소금, 후춧가루로 간하여 끓인다.
7 ⑥의 끓는 국물에 만두를 넣어 삶는다. 또는 만두를 따로 쪄서 끓는 육수에 넣기도 한다.
8 그릇에 만두를 5~6개씩 담고 육수를 부은 후 달걀 지단을 마름모꼴로 썰어 띄운다.

진달래화전

진달래가 만개하는 봄철에 찹쌀가루 반죽에 진달래꽃을 얹어 꽃떡을 만들고
오미자 국물에 진달래꽃을 띄워 화채를 만들어 마시며 계절의 멋을 한껏 즐기던 봄놀이 음식.

| 준비하기 |

찹쌀가루 3컵
소금 ⅓작은술
물 3~5큰술
진달래 꽃잎 30장
쑥갓잎 50g
식용유 적당량
설탕(또는 꿀) 2큰술

| 만들기 |

1 진달래꽃은 꽃수술과 암술을 떼고 물에 가볍게 씻은 후 마른 면보에 얹어 물기를 제거한다. 쑥갓은 어린 잎으로 따서 준비한다.
2 고운 찹쌀가루에 소금을 섞어 체에 내려 찬물로 반죽해(쌀가루의 수분함량에 따라 물 양을 조절하면서 조금씩 넣는다) 도마나 작업대 위에 올려 놓고 편평하게 펴 밀대로 0.4~0.5cm 두께로 민다.
3 찹쌀 반죽에 진달래 꽃잎과 쑥갓잎을 적당한 간격을 두고 올려 놓은 뒤 꽃이 잘 붙도록 살짝 눌러 준다.
4 지름이 3~4cm쯤 되는 컵으로 꽃잎이 자연스럽게 무늬를 이루도록 동그랗게 떠낸다.
5 프라이팬에 기름을 두르고 뜨거워지면 ④를 꽃잎이 위로 오게 해서 먼저 지진 후 살짝 부풀어 오르면 뒤집어서 잠시만 지져낸다.
6 접시에 설탕을 먼저 뿌리고 나서 그 위에 화전을 놓아 두었다가 식으면 새 접시에 가지런히 담아낸다. 또는 꿀을 발라 접시에 담아낸다.

진달래화채

진달래 꽃잎을 손질해 녹말가루를 묻힌 뒤
끓는 물에 살짝 데쳐 달콤한 오미자 국물에 띄워 만든 화채이다.

| 준비하기 |

오미자 국물 3컵
시럽(설탕물) 4큰술
꿀 4큰술
진달래꽃 20송이
잣 1작은술
녹두 녹말 약간

| 만들기 |

1 첫 서리를 맞은 잘 익은 오미자를 택하여 티를 골라내고 먼지만 없앨 정도로 가볍게 씻어 끓여 식힌 미지근한 물(약 40℃)에 하룻밤 담가둔다. 분량은 오미자 1컵에 물 12컵 정도의 비율이면 적당하다.
2 오미자물이 진달래 빛으로 곱게 우러나면 고운 겹체에 오미자 국물을 밭친 뒤 맑게 거른 국물에 꿀과 끓여 식힌 설탕물을 넣어 색과 맛을 조절한다.
3 진달래꽃을 따서 꽃잎이 상하지 않도록 조심스럽게 씻어 물기를 뺀 뒤 꽃술을 뺀 꽃잎에 녹두 녹말을 묻혀 끓는 물에 살짝 데쳐 찬물에 씻어 건져 놓는다.
4 ③의 진달래 꽃잎을 화채 그릇에 담고 ②의 오미자 국물을 적당량 붓고 잣을 띄운다.

 녹두 녹말은 구하기가 쉽지 않으므로 감자 녹말이나 고구마 녹말로 대신해도 된다. 찹쌀 경단을 빚어 익힌 후 띄워주면 좋다. 오미자 물을 우려내는 그릇은 유리나 플라스틱 재질이 좋고 냄비나 스테인리스는 적당하지 않다.

2. 여름 초대상

교자상

교자상은 집안에 경사나 잔치가 있을 때 차리는 상으로 반상, 면상, 주안상 모두가 어우러진 대표적인 손님 초대상이다.

1939년에 씌여진 조자호의 「조선요리법」에 의하면 교자상은 정한 법이 없고 여럿이 앉아 함께 먹는 상차림으로 가장 주가 되는 음식을 가운데에 놓고 나머지 음식은 사방으로 나누어 놓아 먹기 편하게 한다고 했다. 이처럼 대부분의 전통 상차림이 독상을 위주로 차린 것에 비해 교자상은 예외적으로 여럿이 둘러앉아 먹을 수 있게 차린 것이 특징이다. 그리고 이러한 풍습은 계속 이어져 아무리 식탁문화가 발달한 지금까지도 여럿이 모여 먹을 때는 교자상을 이용한다.

교자상을 차린다는 것은 가족 외에 손님을 치르는 것이므로 몇 가지 유의할 점이 있다.

① 초대의 목적과 손님의 연령, 성별을 고려해 식단을 짠다.
② 장류(초간장, 초고추장 등)와 국물 음식은 1인분씩 따로 담는다.
③ 주요리는 가운데에 놓고 덜어 먹을 수 있게 개인 접시를 준비한다.
④ 음식은 한꺼번에 다 차리지 말고 두세번에 나누어 내도록 한다. 처음엔 술과 식욕을 돋우는 전채요리 두가지 쯤을 낸 다음 차례로 두 세가지씩 내가도록 한다.
⑤ 주요리가 모두 끝나고 나면 주식을 준비하는데 국수나 떡국 등이 간편하다. 주식으로 밥을 낼 때는 밥과 함께 1인분씩 국을 내가고 기본 반찬을 따로 준비해야 하는 번거로움이 있다.
⑥ 식사가 끝나고 나면 상을 대충 치우고 나서 과일과 떡, 음료 등 후식을 낸다. 또는 장소를 옮겨 따로 상을 보기도 한다.

| 여름 초대상 차리기의 실제 |
앞에 내는 음식 대하냉채, 마부추전
중간에 내는 음식 임자수탕
식사 편수, 너비아니구이
후식 수박화채와 오미자편

118 아름다운 한식 상차림

대하냉채

대하를 익혀 오이, 밤, 배 등 야채와 같이 잣소스에 버무린 서양의 전채 요리에 해당하는 음식이다.

| 준비하기 |

대하 4마리
오이 ½개
배 ½개, 밤 3개
표고버섯 2장
(간장·설탕 약간씩)
양상추 3잎

| 잣소스 |

잣 다진 것 2큰술
설탕 2큰술
식초 1½큰술
소금 ½작은술
겨자 갠 것 ½큰술

| 만들기 |

1 새우는 내장을 빼고 소금물에 씻어 끓는 물에 데친 후 껍질을 벗기고 반으로 포를 떠서 썬다.
2 오이는 길이 4cm, 넓이 1cm 크기로 썬다. 배도 오이와 같은 크기로 썰고 밤은 껍질을 벗기고 납작하게 썬다.
3 표고버섯은 부드럽게 불려 밑동을 떼고 물기를 꼭 짠 뒤 오이와 비슷한 크기로 썰어 간장, 설탕으로 양념해 볶는다.
4 양상추는 큼직하게 뜯어서 찬물에 담갔다가 건져 물기를 제거한다.
5 잣 다진 것에 설탕, 식초, 겨자, 소금을 넣고 고루 섞어 소스를 만든다.
6 준비한 재료를 잣소스에 버무린 후 접시에 담는다. 또는 새우와 준비한 재료를 옆옆이 담고 잣소스를 듬뿍 끼얹어낸다.

마부추전

건강에 좋은 마를 강판에 갈아 부추와 섞어 부친 건강식.

| 준비하기 |

마 300g
부추 80g
붉은 고추 1개
소금·후춧가루 약간씩
식용유 적당량

| 초간장 |

간장 1큰술
식초 1큰술
설탕 1큰술

| 만들기 |

1 마는 껍질을 벗기고 강판에 갈아 소금, 후춧가루를 넣고 고루 섞어 밑간을 한다.
2 부추는 깨끗이 다듬어 씻어서 물기를 털고 3cm 길이로 썰어 ①에 넣어 고루 섞는다.
3 고추는 얇고 동글동글하게 썰어 씨를 털어낸다.
4 팬에 기름을 두르고 ②를 한숟가락씩 떠놓고 썰어놓은 고추를 얹어 앞뒤로 노릇하게 지진다. 초간장을 준비해 곁들인다.

임자수탕

닭육수에 깨를 갈아 고소하게 만든 깻국의 일종으로 주로 여름철에 해먹는 보양식이다.

| 준비하기 |

닭 1마리(800g)
(생강 1쪽, 대파 1대, 물 9컵)
참깨 1컵
소금 1큰술
배 ½개
오이 1개
표고버섯 4장
(간장 2작은술, 설탕 1작은술)
달걀 2개
붉은 고추 2개

| 쇠고기완자 |

쇠고기 다진 것 50g
(다진 파·마늘 1작은술씩
깨소금·참기름 1작은술씩
간장 1작은술
소금·후춧가루 약간씩)
두부 20g(소금, 참기름)
밀가루·달걀·식용유 약간씩

| 닭고기 양념 |

간장 1큰술
소금 2작은술
다진 파·마늘 1작은술씩
생강즙 2작은술
깨소금 1큰술
후춧가루 약간

| 만들기 |

1 닭은 내장을 제거하고 깨끗이 씻어 물에 담가 핏물을 빼고 깨끗이 헹궈 닭이 잠길 정도의 물을 붓고, 생강 1쪽과 파를 넣고 삶는다. 알맞게 삶은 닭은 건져 내 껍질을 벗기고 살을 발라 약 4cm 길이로 적당한 굵기로 찢어 분량의 양념으로 무친다.

2 닭 삶은 물은 체에 젖은 면보를 깔고 받쳐 기름기를 제거한 뒤 볶은 참깨를 넣고 믹서에 갈아 다시 한번 체에 밭쳐 소금 간을 하여 차게 식힌다.

3 배는 껍질을 벗기고 길이 4cm, 너비 1cm 크기로 납작하게 썬다.

4 오이도 깨끗이 씻어 4cm 길이로 토막내 배와 같은 크기로 썰어(속씨가 있는 부분은 버린다) 팬에 살짝 볶고 붉은 고추도 오이와 같은 크기로 썰어 팬에 살짝 볶는다.

5 표고버섯은 미지근한 물에 불려서 밑동을 떼어내고 배와 같은 크기로 썰어 간장, 설탕으로 양념해 볶아낸다.

6 달걀은 노른자와 흰자를 나누어 황백 지단을 부쳐 배와 같은 크기로 썬다.

7 다진 쇠고기는 갖은 양념을 하고 두부는 물기를 꼭 짠 뒤 소금, 참기름으로 밑간한 뒤 두 가지를 섞어 한참 치대어 반죽한다. 지름 1.5cm 크기의 완자를 빚어 밀가루에 살짝 굴린 후 달걀물에 담갔다가 건져 뜨겁게 달군 팬에 기름을 조금 두르고 굴려가면서 익힌다.

8 양념한 닭고기를 그릇 밑에 깔고 그 위에 준비한 재료들을 옆옆이 얹고 가운데에 ⑦의 쇠고기완자를 얹은 후 ②의 차게 식힌 육수를 부어낸다.

 임자수탕에 넣는 볶은 재료들은 겉도는 기름기를 키친타월로 살며시 눌러 제거한 뒤 그릇에 담아야 맛이 담백하다.

122 아름다운 한식 상차림

편수

여름에 먹는 네모진 만두로 소를 모두 익혀서 넣어야 쉬는 것을 방지할 수 있다.
편수는 삶아 차가운 장국에 넣어 먹기도 하고, 찜통에 쪄서 초간장에 찍어 먹기도 한다.

| 준비하기 |

밀가루 2컵
소금 1작은술
물 10큰술
애호박 200g
쇠고기 100g
표고버섯 5장
숙주 70g, 양파 ½개
잣 1큰술

| 양념 |

간장 1큰술
다진 파 1½큰술
다진 마늘 1큰술
설탕 2작은술
깨소금 · 참기름 2작은술씩
소금 · 후춧가루 · 식용유 약간씩

| 만들기 |

1 밀가루는 소금물로 반죽해서 물기를 꼭 짠 젖은 행주로 싸서 냉장고에 넣어둔다.
2 애호박은 2cm 길이로 토막내 돌려깎아 초록색 껍질 부분만 곱게 채썰어 소금에 살짝 절였다가 꼭 짠 다음 다진 파와 마늘을 넣어 볶으면서 깨소금, 참기름으로 양념한다.
3 쇠고기는 곱게 다져 갖은 양념을 하여 볶는다.
4 표고버섯은 부드럽게 불려서 밑동을 떼고 물기를 꼭 짠 뒤 갓이 두툼한 것은 얇게 저며 2cm 길이로 곱게 채썰어 갖은 양념을 한다.
5 숙주는 끓는 물에 소금을 약간 넣고 데쳐 찬물에 헹궈 물기를 꼭 짠 후 송송 썰어 소금, 참기름으로 양념해 무친다.
6 양파는 가늘게 채썰어 소금을 약간 넣고 볶는다.
7 위에서 준비한 소 재료를 모두 섞어 버무려 만두소를 만든다.
8 반죽해 둔 밀가루를 얇게 민 다음 사방 8~9cm 정도의 정사각형으로 잘라 준비해 둔 소 적당량과 잣 3~4알을 넣고 네 귀를 모아서 가장자리를 잘 눌러 붙인다.
9 찜통에 젖은 면보를 깔고 빚은 만두를 넣고 찐다. 말갛게 익으면 꺼내어 차게 해서 담아낸다. 초간장을 준비해 곁들여 낸다.

너비아니구이

불고기보다는 약간 도톰하고 넓적하게 저며 잔칼질을 해 부드럽게 만들어 양념해 굽는 궁중불고기.

| 준비하기 |

쇠고기(안심 또는 등심) 600g
간장 4½큰술
꿀 1큰술, 설탕 2큰술
다진 파 2큰술
다진 마늘 1½큰술
깨소금 · 참기름 1큰술씩
청주 2큰술, 후춧가루 약간
식용유 적당량
잣가루 약간

| 만들기 |

1 쇠고기는 등심이나 안심으로 준비하여 기름기가 많은 부분을 떼어내고 0.3cm 두께로 넓적하게 썰어 군데군데 잔칼집을 넣는다.
2 분량의 간장에 꿀과 설탕, 다진 파, 다진 마늘, 깨소금, 참기름, 청주, 후춧가루를 섞어 양념장을 만들어 손질한 ①의 고기를 넣고 고루 주물러서 30분~1시간 정도 재워 둔다.
3 열이 오른 팬에 기름을 조금 두르고 양념장에 재워 둔 고기를 한 장씩 얌전히 펴 놓고 지진다. 자주 뒤적이지 말고 한쪽 면이 익은 뒤에 한번만 뒤집어 익힌다.
4 그릇에 구운 고기를 가지런히 펴서 담고 잣가루를 뿌린다.

수박화채

여름철에 즐기는 대표적인 과일화채.

| 준비하기 |

수박 ½통
배 ½개
탄산음료 적당량

| 만들기 |

1 수박은 스쿠퍼(또는 작은 스푼)로 동그랗게 떠낸다.
2 배는 껍질을 벗기고 얇게 썰어 수박과 비슷한 크기의 모양틀로 찍는다.
3 볼에 준비한 과일을 담고 탄산음료를 부어 혼합한다.

오미자편

오미자 물에 단맛을 추가한 후 녹두 녹말을 섞어 묵같이 쑤어 굳혀 만든 전통 후식의 한가지다.
오미자 대신 제철 과일즙을 이용해 다양한 맛의 과편을 만들기도 한다.

| 준비하기 |

오미자 우린 물 4컵
(오미자 ½컵+물 4컵)
설탕 2컵
녹두 녹말 1컵
배 ½개

| 만들기 |

1 오미자는 살짝 씻어 건진다. 끓여 식힌 미지근한 물 4컵에 오미자를 담가 하룻밤 우린다. 빨갛게 오미자물이 우러나면 체에 젖은 면보를 깔고 밭친다.
2 ①의 오미자 우린 물 4컵에 녹두 녹말 1컵을 넣어 잘 풀어 둔다.
3 냄비에 ②와 설탕을 섞어 약한 불로 묵을 쑤듯 저어가며 서서히 끓인다. 되직해지면서 윤기가 나면 뜸을 충분히 들인다.
4 네모진 그릇 안쪽에 물을 바르고 ③을 부어 굳힌다.
5 완전히 식은 다음 네 모서리에 칼집을 넣은 후 뒤집어 빼고 사방 2cm 크기로 자른다.
6 배를 3mm 두께로 오미자편과 같은 크기로 썰어 접시에 담고 그 위에 오미자편을 얹어낸다.

3. 가을 초대상

| 가을 초대상(교자상) 차리기의 실제 |

앞에 내는 음식 녹두죽, 수삼냉채
중간에 내는 음식 구절판, 사슬적
식사 밥, 삼합, 신선로
후식 녹차와 다식

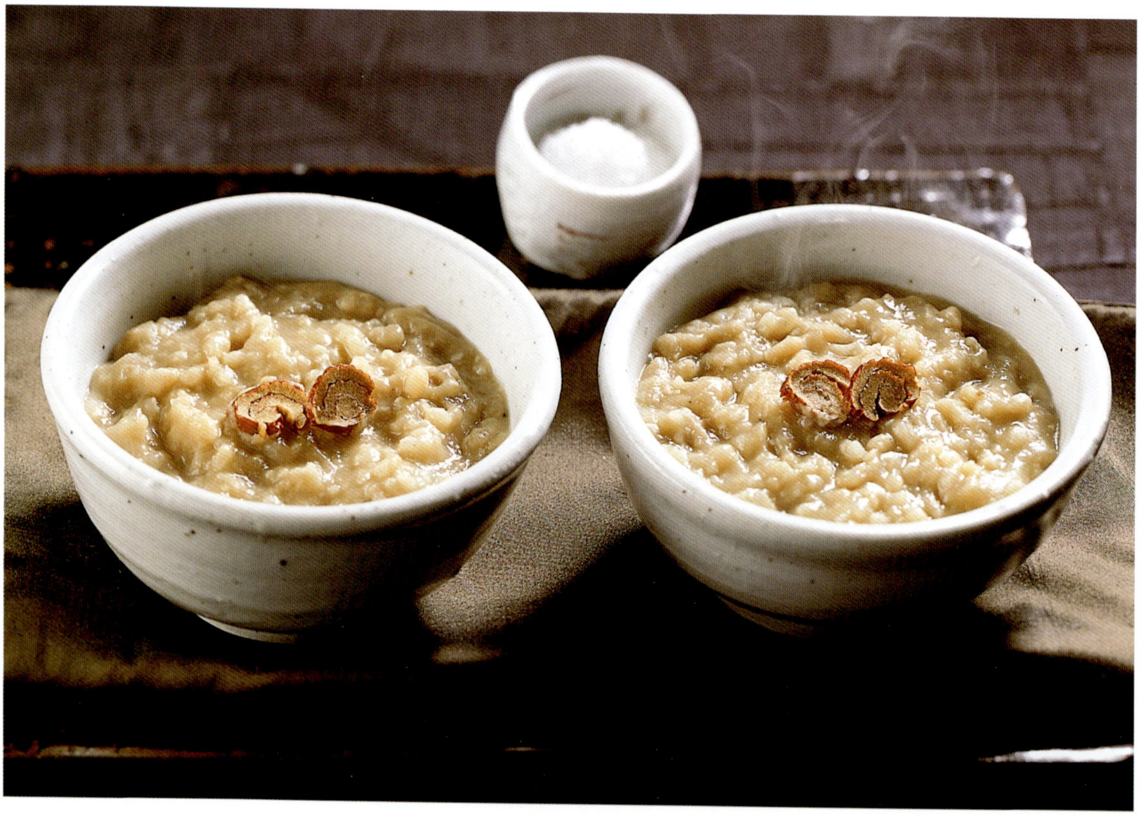

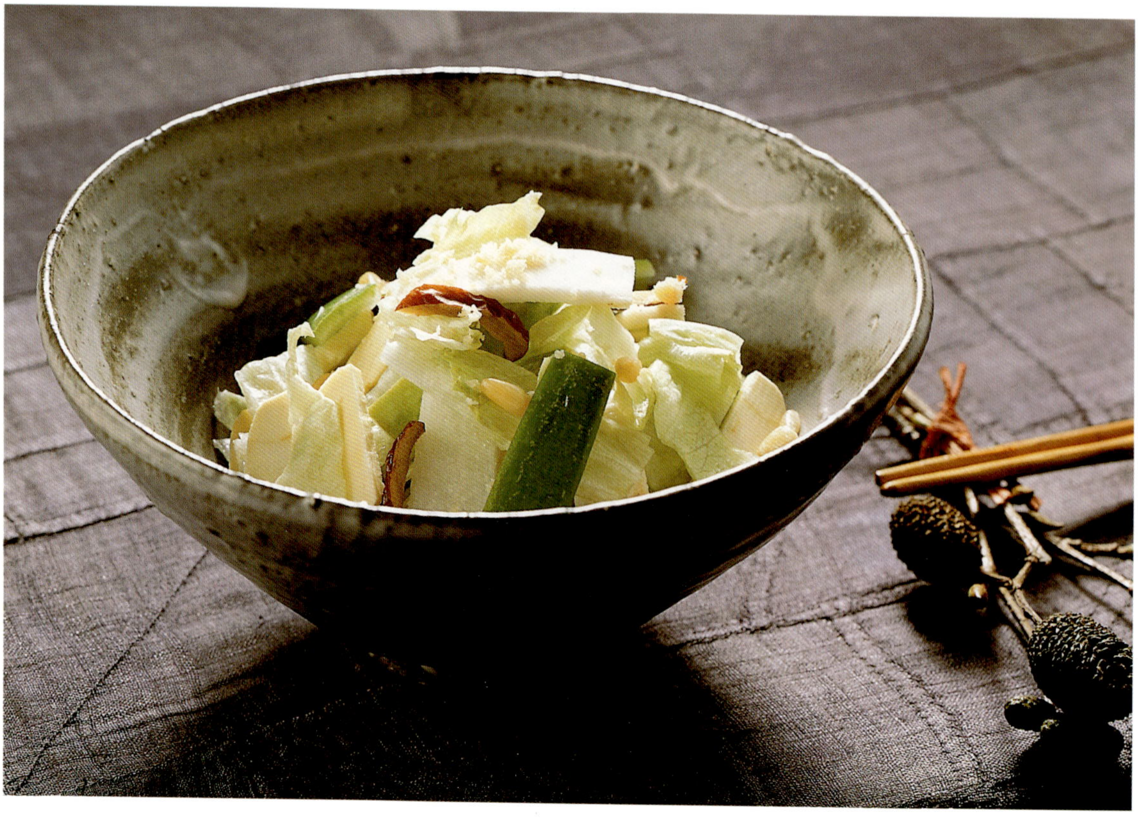

녹두죽

녹두를 삶아 체에 거른 후 불린 쌀을 넣어 쑨 죽이다.

| 준비하기 |
불린 쌀 1컵
녹두 1½컵
물 13컵
소금 약간

| 만들기 |
1 녹두는 돌을 골라내고 깨끗이 씻어 10배 정도의 물을 붓고 삶는다. 푹 무르면 (1시간 반 정도) 어레미에 잘 주물러 껍질을 버리고 다시 체에 받쳐 그대로 두어 앙금을 가라앉힌다.
2 앙금이 가라앉으면 맑은 윗물만 가만히 따라내 냄비에 붓고 분량의 불린 쌀을 넣어 나무주걱으로 저어가며 끓인다.
3 쌀알이 푹 퍼지면 가라앉은 녹두 앙금을 넣어 눋지않게 저어가며 되직하게 끓인다.
4 죽이 잘 어우러지면 소금으로 간을 맞춘다.

수삼냉채

수삼에 여러 가지 야채와 밤, 배 등을 섞어 고소한 잣소스에 버무린 건강식.

| 준비하기 |
수삼 1뿌리
오이 ½개
배 ½개
밤 3개
대추 2개
양상추 3잎
잣 약간

| 꿀소스 |
꿀 2큰술
배즙 2큰술
식초 2큰술
식초 2큰술
소금 1작은술

| 만들기 |
1 수삼은 줄기쪽과 연결되어 있던 윗부분을 잘라내고 칼등으로 살살 긁어 지저분한 것을 제거하고 깨끗이 씻어 길이 4cm, 너비 1cm 크기로 얄팍하게 썬다.
2 오이와 배도 손질해서 수삼과 같은 크기로 썬다.
3 밤은 속껍질까지 벗겨 납작하게 썰고 대추는 돌려깎아 씨를 제거하고 채썬다. 잣은 고깔을 떼고 면보로 먼지를 닦아낸다.
4 양상추는 냉수에 담가 두었다가 건져 물기를 제거한 후 수삼과 같은 크기로 뜯어 놓는다.
5 분량의 재료를 섞어 꿀소스를 만든다.
6 위의 준비한 재료를 고루 섞어 그릇에 담고 꿀소스를 뿌려준다.

구절판

8가지 재료를 각각 익혀 밀전병에 싸서 겨자장을 찍어 먹는 음식이다.
색이 고와 일상식보다는 큰상 차림에 많이 쓰이는 전채 음식이다.

| 준비하기 |

쇠고기 100g
표고버섯 5장
석이버섯 10장(참기름, 소금)
오이 1개
당근 100g(소금)
숙주 100g(참기름, 소금)
달걀 2개

| 고기·표고버섯 양념 |

간장 1큰술
설탕 ½큰술
다진 파 ½큰술
다진 마늘 1작은술
깨소금·참기름 ½작은술씩
후춧가루 약간
식용유 약간

| 밀전병 |

밀가루 1컵
물 1컵
달걀 흰자 1개분
소금·식용유 약간씩

| 겨자장 |

겨자 갠 것 ½큰술
물 1큰술
식초 1½큰술
설탕 1큰술
소금 ½작은술
간장 약간

| 만들기 |

1 밀가루와 물, 소금을 넣고 멍울이 없게 풀어서 체에 한번 걸러준다.
2 오이는 5cm 길이로 썰어 돌려깎기한 후 곱게 채썰어 소금에 절인 다음 물기를 꼭 짜고 뜨겁게 달군 팬에 기름을 두르고 센불로 살짝 볶는다.
3 당근도 오이와 같은 크기로 채썰어 기름에 볶으면서 소금으로 간한다.
4 쇠고기도 곱게 채썰어 양념의 ⅜분량을 넣어 양념해 볶는다.
5 표고버섯은 미지근한 물에 불려 밑동을 떼고 물기를 꼭 짠 뒤 편으로 얇게 저며 곱게 채썰어 나머지 양념으로 간하여 볶는다.
6 석이버섯은 깨끗이 비벼 씻어 물기를 제거하고 돌돌 말아 채썬 후 참기름에 볶아 소금으로 간한다.
7 숙주나물은 머리와 꼬리를 다듬은 후 5cm 길이로 잘라 끓는 물에 소금을 넣고 데친 다음 찬물에 헹궈 물기를 짜고 참기름과 소금으로 무친다.
8 달걀은 황백으로 나누어 지단을 부쳐 5cm 길이로 채썬다.
9 팬에 기름을 조금 두르고 키친타월로 팬 전체를 고루 문질러 기름칠을 약하게 한 다음 밀전병 반죽을 한 두순가락씩 얇게 지름 6cm 크기로 떠 놓는다. 불을 약하게 해서 익혀 윗면이 말개지면 뒤집는다.
10 접시 가운데에 밀전병을 놓고 8가지 재료를 색 맞추어 돌려 담는다.
11 겨자장을 만들어 곁들여 낸다.

 밀전병을 부칠 때는 기름을 붓지 말고 키친타월에 기름을 묻혀 골고루 문지르는 정도가 적당하다.

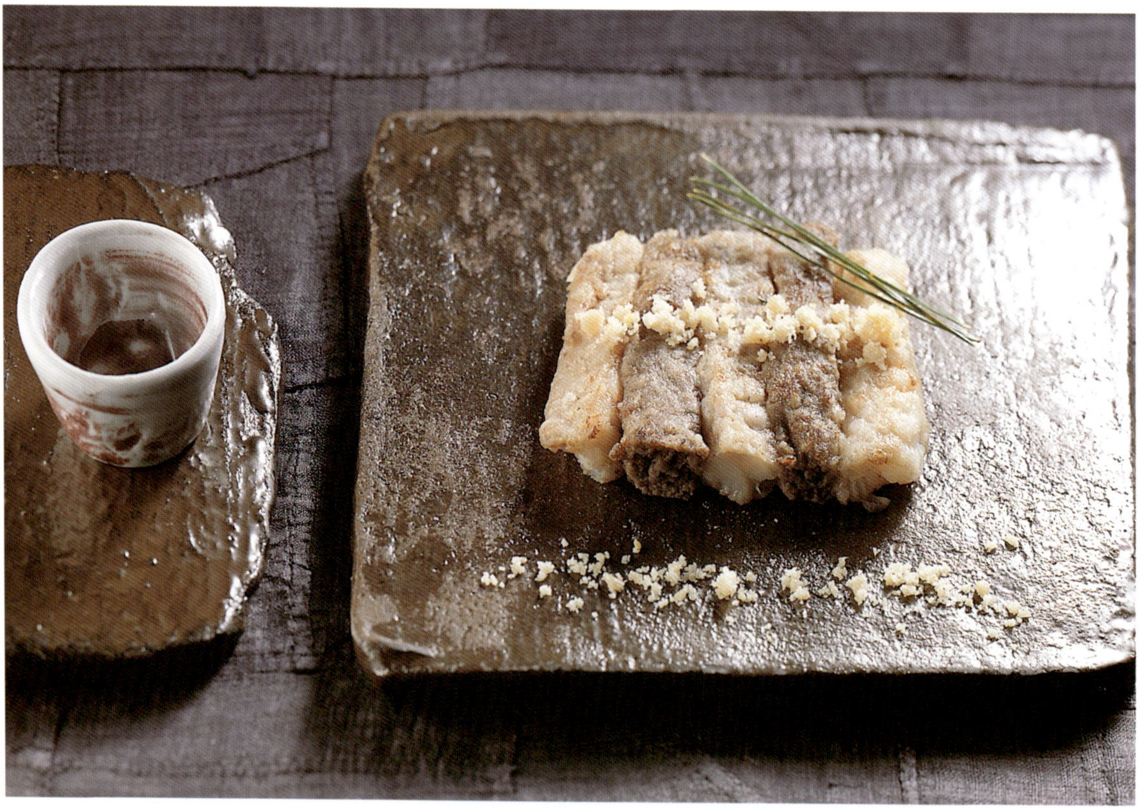

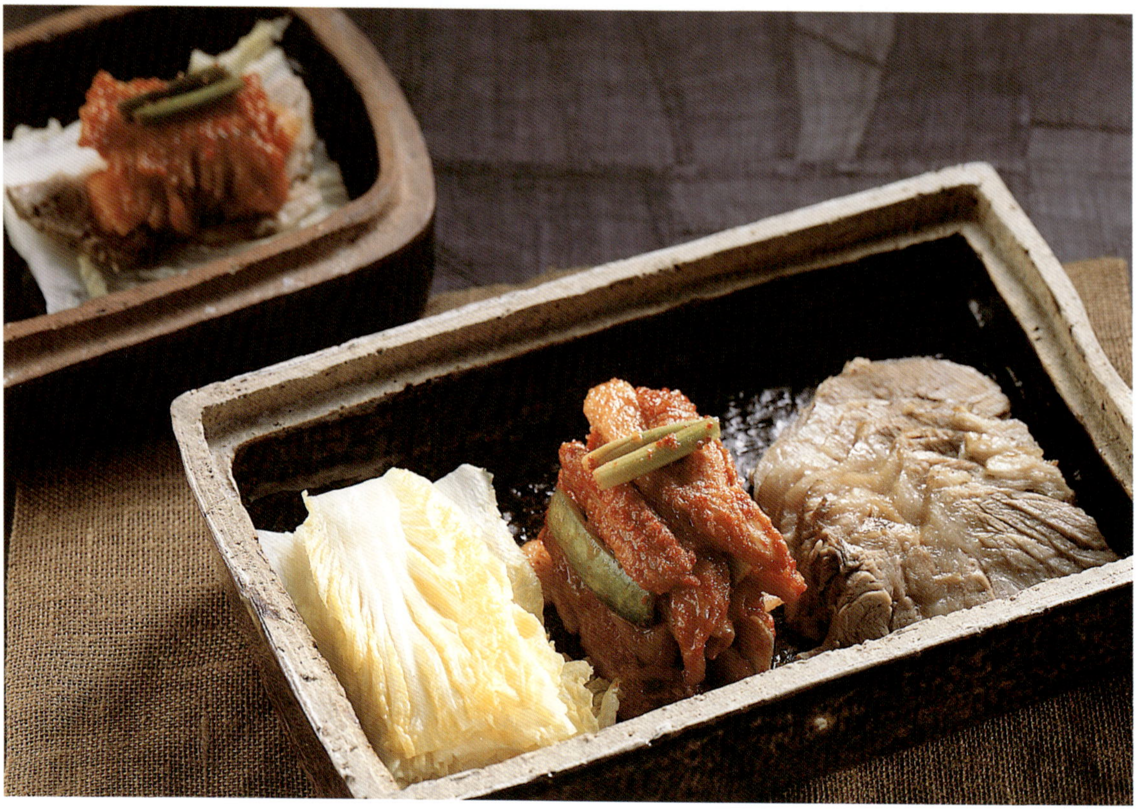

사슬적

흰살생선과 고기에 두부를 섞어 부드럽게 양념한 것을 꼬치에 번갈아 꿰어 구운 음식이다.

| 준비하기 |

흰살생선(광어, 대구, 민어)400g
소금 1작은술, 간장 ½큰술
다진 파 2작은술
다진 마늘 1작은술
참기름 2작은술, 후춧가루 약간

| 고기반죽 |

다진 쇠고기 150g
두부 100g(소금, 참기름)
간장 1큰술, 설탕 ½큰술
다진 파 1작은술
다진 마늘 ½작은술
깨소금·참기름 ½작은술씩
후춧가루 약간

| 초간장 |

간장 1큰술
식초 1큰술, 설탕 ½큰술

| 만들기 |

1 생선은 민어나 광어, 동태살로 준비해 폭 1cm, 길이 6cm 크기의 막대모양으로 썰어 소금을 뿌려 두었다가 물기를 닦고 생선 양념으로 무친다.
2 두부는 으깨어 물기를 짠 후 소금과 참기름으로 양념한다. 다진 고기와 두부를 합해 분량의 양념을 넣고 주물러 한참 치댄다.
3 생선을 꼬치에 일정한 간격을 두고 꿰어 밀가루를 고루 묻힌 다음 양념한 고기 반죽을 생선살 사이사이에 채워서 고르게 눌러 붙인다.
4 석쇠에 굽거나 기름 두른 팬에 앞뒤로 지진다.
5 따뜻할 때 꼬치를 빼서 접시에 담고 잣가루를 뿌린다. 초간장을 만들어 곁들인다.

삼합

전라도 향토음식으로 돼지고기편육과 홍어무침, 배추김치 또는 절인 배추가 어우러져 맛의 궁합이 좋다.

| 준비하기 |

| 돼지고기편육 |

돼지고기 사태 600g
대파 2뿌리, 마늘 5개
생강 1쪽, 커피 1큰술

| 홍어무침 |

홍어 300g(식초 ½컵)
무 200g, 오이 ½개
고춧가루 2½큰술
고추장 ½큰술
설탕·식초 2큰술씩
다진 파 1½큰술
다진 마늘 1큰술
깨소금·참기름 약간씩

| 배추쌈 |

배추 속대 ½통
물 5컵, 소금 ½컵

| 만들기 |

1 돼지고기는 실로 묶어서 준비한다. 대파는 큼직하게 썰고 마늘과 생강은 저민다. 물이 팔팔 끓으면 실로 묶은 고기와 대파, 마늘, 생강, 커피를 넣고 40분 정도 끓인 다음 물에 헹궈 얇게 썬다.
2 배추는 노란 속대로 준비해 소금물에 1시간 정도 절였다가 부드러워지면 물에 헹궈 물기를 뺀다.
3 홍어는 뼈와 결 반대 방향으로 1cm×4cm 크기로 썰어 식초에 30분 정도 담가두었다가 뼈가 부드러워지면 건져서 꼭 짠다.
4 오이는 소금으로 문질러 씻은 후 5cm 길이로 토막내 나무젓가락 굵기로 썰고(씨부분은 버린다) 무도 오이와 같은 크기로 썰어 각각 소금에 절였다가 물기를 꼭 짠다.
5 고춧가루에 고추장과 설탕, 식초, 다진 파와 마늘, 깨소금을 넣어 고루 섞어 양념을 만든 뒤 먼저 무를 넣고 버무린 뒤 홍어와 오이를 넣고 함께 버무린다. 참기름은 아주 조금만 넣는다.
6 접시에 편육과 홍어회무침, 절인 배추를 옆옆이 보기좋게 담아낸다.

신선로

여러가지 어육과 야채를 색스럽게 넣고 그 위에 각종 견과류를 넣어 끓인 최고의 음식이다.

| 준비하기 |
양지머리 300g
무 200g, 물 6컵
대파 ½대, 마늘 3쪽
집간장·소금·후춧가루 약간

| 쇠고기완자 |
다진 쇠고기 50g(갖은 양념)
두부 20g
밀가루, 달걀, 식용유

| 육전 |
쇠고기 100g(갖은 양념)
밀가루, 달걀, 식용유

| 생선전 |
흰살생선 200g
(소금, 흰후춧가루)
밀가루, 달걀, 식용유

| 처녑전 |
처녑 100g
(생강즙, 소금, 후춧가루)
밀가루, 달걀, 식용유

| 미나리초대 |
미나리 20줄기
밀가루, 달걀, 식용유

| 석이지단 |
석이버섯 5장, 달걀 흰자 1개
녹말가루 1작은술

| 부재료 |
채썬 쇠고기 50g
달걀지단(달걀 2개 분량)
표고버섯 20g(갖은 양념)
당근 100g, 붉은 고추 1개

| 고명 |
호두 10개, 은행 ⅓컵

| 만들기 |

1 양지머리에 물 6컵을 붓고 도톰하게 썬 무, 파, 마늘을 넣어 삶는다. 무가 거의 익으면 건져내 골패모양으로 썬다. 국물은 좀더 끓인 뒤 고기는 건져내고 국물은 체에 밭쳐 약간의 간장으로 색을 낸 뒤 소금과 후춧가루를 넣어 육수를 준비한다.

2 다진 쇠고기는 으깬 두부와 합쳐 양념하여 지름 1.5cm 크기의 완자를 빚어 밀가루, 달걀물을 묻혀 지진다.

3 쇠고기 100g은 넓적하게 썰어 양념하여 밀가루, 달걀물을 묻혀 육전을 부친다.

4 흰살 생선은 도톰하게 포를 떠서 소금, 흰후춧가루를 뿌렸다가 물기를 제거하고 밀가루, 달걀물을 묻혀 전을 지진다.

5 처녑은 밀가루, 소금을 뿌려 바락바락 주물러 씻은 후 한 장씩 떼어 검은 표피를 벗기고 칼집을 넣어준 후 생강즙, 소금, 후춧가루로 양념하여 밀가루, 달걀물을 묻혀 전을 지진다.

6 미나리는 줄기로만 다듬어 10cm 길이로 썰어 소금물에 데친 후 물기를 짜고 꼬치로 아래 위를 나란히 꿰어 밀가루, 달걀물을 묻혀 지져 미나리초대를 준비한다. 달걀 2개는 황백으로 나누어 지단을 부친다.

7 석이버섯은 뜨거운 물에 불려서 문질러 깨끗이 씻어 배꼽을 뗀 다음, 마른 행주로 닦아 말렸다가 빻아 가루로 만들어 달걀 흰자 푼 것, 녹말 가루를 조금 넣고 섞어 지단을 부친다.

8 준비한 모든 재료를 넓이 2cm, 길이 6cm로 썰어(신선로 크기에 맞게) 준비한다.

9 채썬 고기는 갖은 양념을 하고 표고버섯은 미지근한 물에 불려 떼어내고 넓이 2cm, 길이 6cm로 썰어 간장, 설탕, 다진 파, 다진 마늘, 깨소금, 참기름, 후춧가루로 양념하여 기름 두른 팬에 볶는다.

10 당근은 소금물에 살짝 데쳐서 같은 모양으로 썰고 붉은 고추도 같은 크기로 썬다.

11 은행은 겉껍질을 벗겨서 소금물에 담갔다가 파랗게 볶아 속껍질을 벗긴다. 호두는 뜨거운 물에 식초를 몇 방울 넣고 담가 두었다가 속껍질까지 벗긴다.

12 신선로에 담을 때에는 썰어놓은 무를 간장, 다진 파와 마늘, 참기름, 깨소금 등을 넣고 무쳐서 채썰어 양념한 고기와 함께 밑바닥에 깐다. 그 위에 준비한 재료를 색 맞추어 가지런히 담는다.

13 호두와 은행을 고명으로 얹고 ①의 양지머리 국물을 부은 뒤 뚜껑을 덮고 화통에 숯불을 넣어 끓인다.

녹차다식

가루 녹차를 꿀로 반죽하여 다식판에 박아 낸 전통 과자로
삼국유사에 보면 차잎가루로 다식을 만들어
제사에 올렸다는 기록이 있다.

| 준비하기 |

말차(가루녹차) 1컵
꿀 3큰술
참기름 적당량

| 만들기 |

1 가루 녹차에 꿀을 넣어 잘 갠 뒤 한덩어리가 되도록 반죽을 한다.
2 다식판에 참기름을 조금만 바르고(작은 솔로 구석구석 바르거나 키친타월에 기름을 묻혀 골고루 문지른다. 많이 바르면 기름지고 또 참기름 향 때문에 다식 고유의 향을 잃을 수 있으므로 조금만 바른다) 반죽을 밤톨만큼씩 떼어내어 다식판에 넣고 꼭꼭 눌러서 박아낸다.

다식은 여러 가지 가루를 꿀로 반죽하여 다식판에 박아낸 것으로 차와 가장 잘 어울리는 과자다.
다식의 재료는 무척 다양하다. 깨와 콩가루는 물론 송화(소나무의 꽃가루), 밤가루, 새우가루, 인삼가루도 다식의 재료가 되며 기본이 되는 녹말 가루에 오미자물을 들이기도 하고 승검초나 생강, 계피, 솔잎, 복령, 쑥가루 등을 섞어 약다식을 만들기도 한다. 또한 다식은 맛뿐만 아니라 그 모양이 수려한 것이 특징인데 다식판에 수복강녕, 부귀다남 등의 글귀를 새기는가 하면 거북이, 물고기, 새 등 무병장수를 뜻하는 문양들이 새겨져 있어 복을 기원하는 뜻이 담긴 과자이기도 하다.

4. 겨울 초대상

| 겨울 초대상 (주안상) 차리기의 실제 |
앞에 내는 음식 육포와 잣솔, 지짐누름적
중간에 내는 음식 파강회, 겨자채
국물 음식 어복쟁반
후식 은행단자와 식혜

육포

양념장에는 참기름을 넣지 않아야 오래 두어도 맛이 변하지 않는다.
참기름은 먹을 때 발라 굽는다.

| 준비하기 |

쇠고기(우둔) 500g
간장 5큰술
꿀 4큰술
설탕 2큰술
배즙 5큰술
생강즙 1작은술
후춧가루 약간
참기름·꿀·잣가루 적당량씩

| 만들기 |

1 쇠고기는 기름기가 없는 우둔살 부위로 골라 고기 결대로 0.4cm 두께로 넓게 포를 떠서 기름과 힘줄을 말끔히 발라낸다.
2 배는 갈아서 꼭 짜 건더기는 버리고 즙만 준비해 간장, 꿀, 설탕, 생강즙, 후춧가루를 넣고 고루 섞어 양념장을 만든다.
3 손질한 고기를 한 장씩 양념장에 담가 앞뒤를 고루 적신 뒤 남은 양념장에 고기를 모두 넣고 고루 주물러 간이 충분히 배게 한다.
4 양념한 고기를 채반에 겹치지 않게 펴서 통풍이 잘 되는 곳에서 말린다.
5 고기가 바싹 마르기 전에 걷어들여 평평한 곳에 한지를 깔고 꾸득해진 육포의 끝을 잘 펴고 차곡차곡 싸서 도마 등 무거운 것으로 눌러두어 판판하게 한 후 다시 한 장씩 채반에 펴서 말린다.
6 말린 육포는 비닐이나 랩으로 싸서 냉장고나 냉동실에 넣어 보관하여 둔다.
7 먹을 때는 육포의 양면에 참기름을 고루 발라 석쇠에 얹어 앞뒤를 살짝 구워 먹기에 적당한 크기로 잘라 담아낸다. 이때 한쪽 끝에 꿀을 조금 바르고 잣가루를 묻혀 내면 더욱 좋다.

잣솔

잣을 솔잎 끝에 꿰어 집어먹기 편하고, 보기 좋게 만든 술안주.
보통 5개씩 모아 붉은 실로 묶는다.

| 준비하기 |

잣·솔잎 적당량씩
붉은 실 약간

| 만들기 |

1 잣은 뾰족한 끝의 고깔을 떼고 물기를 꼭 짠 젖은 면보로 먼지를 닦는다.
2 솔잎을 한잎씩 떼어 잣을 끼운다. 잣솔 5~6개씩을 한데 합해 붉은 실로 묶어 담아낸다.

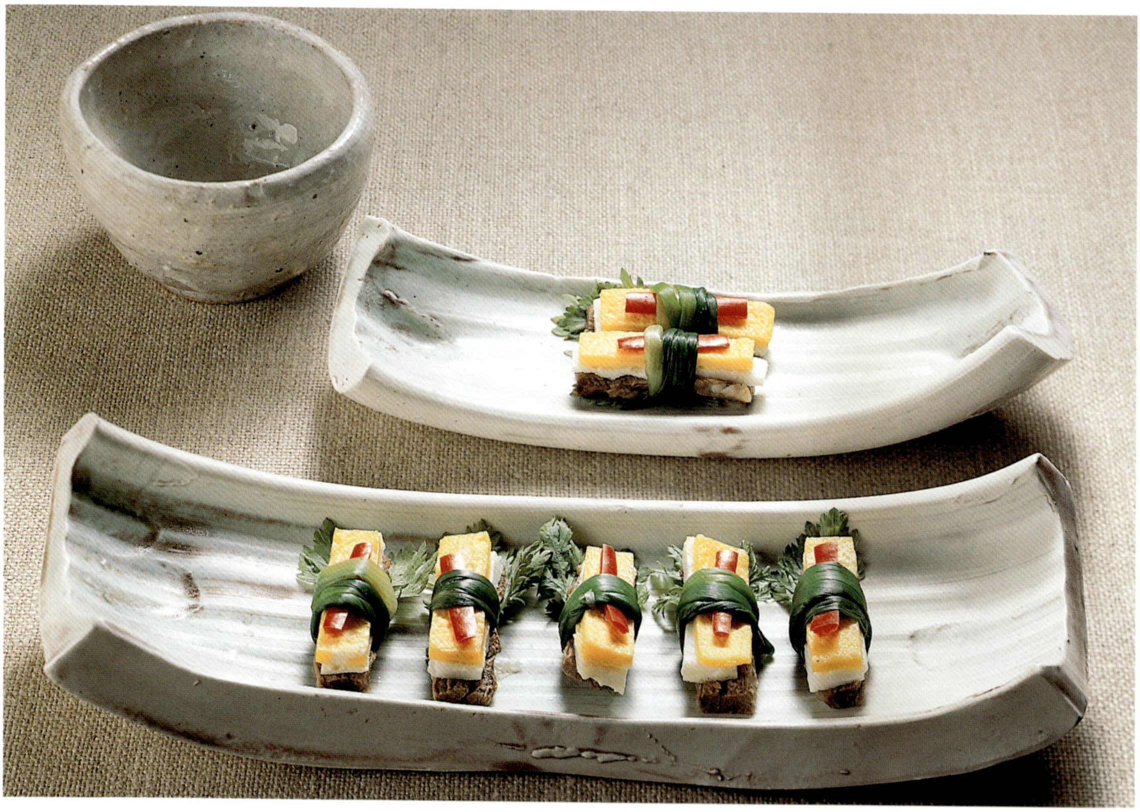

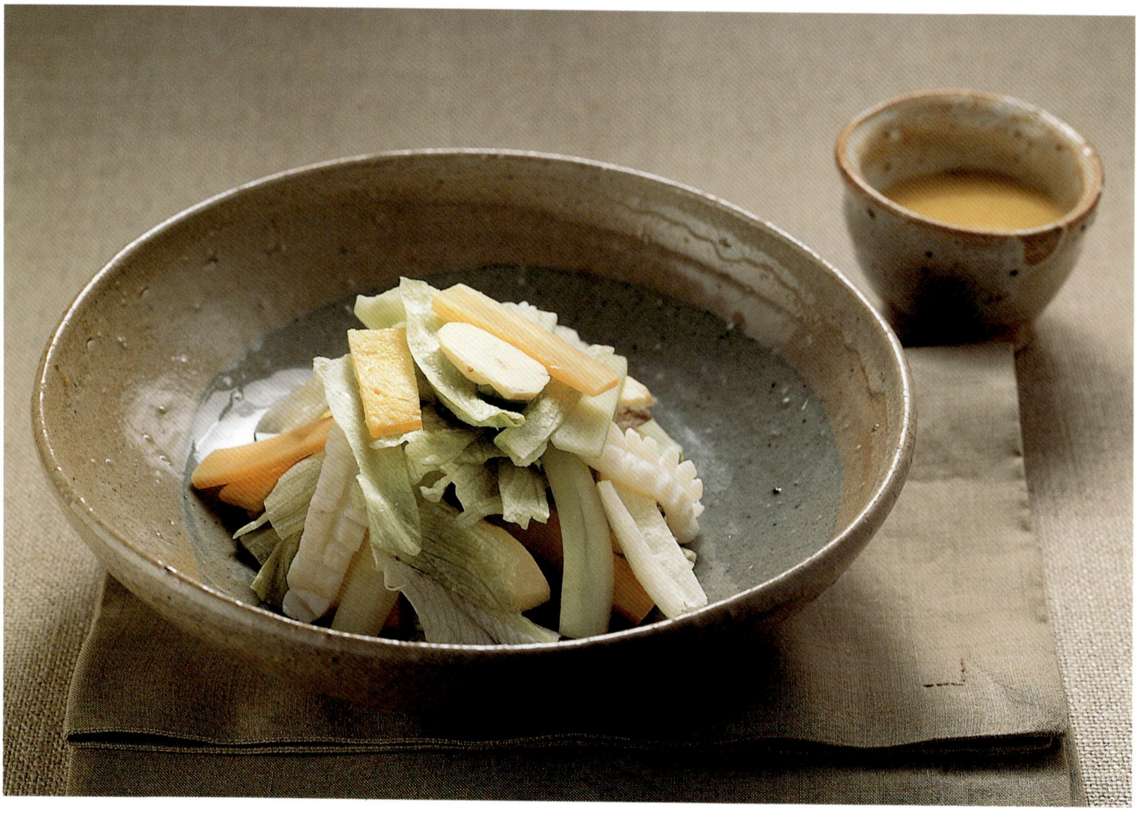

파강회

데친 실파에 편육, 달걀지단, 고추를 데친 실파로 말아서
초고추장에 찍어 먹는 음식으로 색이 고와 식욕을 당겨준다.

| 준비하기 |

실파 50g
편육(쇠고기) 50g
달걀 1개
붉은 고추 1개
쑥갓잎·소금 약간씩

| 초고추장 |

고추장 1큰술
식초 1큰술
설탕 ½큰술, 물 1큰술

| 만들기 |

1 실파는 다듬어서 끓는 물에 소금을 약간 넣어 살짝 데친 후 바로 찬물에 헹궈 가지런히 해서 물기를 꼭 눌러 짠다.
2 달걀은 황백으로 나누어 약 3mm 두께로 지단을 부쳐 길이 4cm, 폭 1cm 크기로 썬다.
3 편육은 4cm 길이, 1cm 폭으로 썰어 준비한다.
4 붉은 고추는 2cm 길이×0.3cm 폭으로 썰고 쑥갓은 잎을 떼어 씻어 물기를 제거한다.
5 쑥갓 두 세잎을 손에 놓고 편육, 달걀지단, 붉은 고추 순으로 가지런히 얹은 뒤 데친 실파로 가운데를 돌돌 감아 아무려 접시에 담고 초고추장을 곁들여낸다.

겨자채

신선한 야채에 배, 밤, 편육 등을 넣어 겨자소스에 버무린 냉채음식이다.

| 준비하기 |

양상추 2잎
오이 ½개
당근 50g
편육 50g
밤 2개, 배 ½개
오징어 ½마리
달걀 1개, 잣 약간

| 겨자소스 |

겨자 갠 것 1큰술
설탕 2큰술
간장 약간
소금 1작은술
식초 2큰술
물 2큰술

| 만들기 |

1 양상추는 찬물에 식초를 약간 넣고 담가두었다가 물기를 닦고 폭 1cm, 길이 5cm로 썰어 물에 담가 싱싱하게 해 놓는다.
2 오징어는 내장을 제거하고 몸통으로만 준비해 소금으로 문질러 껍질을 벗긴 다음 길이로 반 잘라 안쪽면에 가로 세로 0.3cm 폭으로 칼집을 넣고 1cm 폭으로 썰어 끓는 물에 살짝 데친다.
3 달걀은 황백으로 나누어 두툼하게 지단을 부쳐 양상추와 같은 크기로 썬다. 편육도 같은 크기로 썬다.
4 오이, 당근도 손질해 씻어 양상추와 같은 크기로 썬다.
5 밤은 껍질을 벗겨 얄팍하게 썰고 배는 껍질을 벗긴 후 오이와 같은 크기로 썬다.
6 준비된 재료들을 차게 두었다가 상에 내기 직전 겨자소스를 넣고 고루 무쳐 담고 잣을 올려낸다.

어복쟁반

양지머리, 사태 등을 채소와 같이 담고 간한 육수를 부어 끓이면서 먹는 음식으로
가까운 사람끼리 둥글게 앉아 국물을 부어가며 먹는 평안도 향토음식이다.

| 준비하기 |

양지머리 300g
사태 150g, 물 15컵
대파 2대, 마늘 1통
양파 1개, 통후추 10알
느타리버섯 10개
실파 30g, 달걀 2개
배 ½개, 붉은 고추 1개
냉면국수 200g, 쑥갓 적당량

| 국물 |

육수 10컵, 집간장 3큰술

| 양념장 |

간장 3큰술, 물 1½큰술
송송 썬 실파 1큰술
다진 붉은 고추 1큰술
깨소금 1큰술,
참기름 ½큰술
설탕 ½작은술

| 만들기 |

1 양지머리와 사태는 냉수에 담가 핏물을 뺀다.
2 냄비에 분량의 물을 붓고 끓이다가 물이 끓으면 양지머리와 사태, 대파, 마늘, 양파, 통후추를 넣고 한시간 정도 충분히 삶는다. 꼬치로 찔러보아 핏물이 나오지 않으면 고기는 건져내 약 5cm×3cm 크기로 얇게 썬다. 육수는 체에 젖은 면보를 깔고 받쳐 차게 식힌 뒤 위에 뜬 기름을 걷는다.
3 느타리버섯은 굵직하게 찢어 끓는 물에 데친다.
4 달걀 2개는 노른자가 가운데 오도록 굴려주면서 완숙으로 삶은 후 둥글게 썬다(6등분하면 적당하다). 배는 8등분해서 길이대로 얄팍하게 썬다.
5 실파는 깨끗이 씻어 5cm 길이로 썰고 붉은 고추는 채썬다.
6 냉면은 부드럽게 삶아 찬물에 헹궈 작게 타래를 지어 둔다.
7 넓은 냄비 가운데에 양념장 그릇을 놓고 그릇 가장자리로 삶은 고기와 버섯, 배, 삶은 달걀, 실파, 붉은 고추 등을 돌려 담고 고명을 올린 뒤 집간장으로 간을 맞춘 육수 4컵을 뜨겁게 끓여 붓는다. 쑥갓도 조금 넣는다.
8 먹을 때는 먼저 편육 등을 양념장에 찍어 먹고 냉면을 국물에 말아 먹는다. 계속하여 더운 육수를 부어 끓이면서 먹는다.

지짐누름적

| 준비하기 |

쇠고기 80g(갖은 양념)
표고버섯 큰 것 2장
(간장, 설탕)
당근 6cm 길이 1토막
통도라지 30g, 실파 40g
밀가루 약간, 달걀 1개
식용유 적당량

| 만들기 |

1 ① 쇠고기는 적감 두께로 준비해 길이 7cm, 폭 1cm 정도로 썰어 잔칼집을 넣어 불고기 양념하듯 갖은 양념으로 무쳐 팬에 기름을 조금 두르고 지진다.
2 표고버섯은 지름이 6cm쯤 될 수 있게 큰 것으로 준비해 미지근한 물에 담가 부드럽게 불려 밑동을 떼고 물기를 꼭 짠 뒤 1cm 폭으로 썰어 간장과 설탕으로 양념해 볶는다.
3 당근과 통도라지도 껍질을 벗기고 씻어 6cm×1cm 크기로 썰어 끓는 소금물에 살짝 데쳐 물기를 뺀 뒤 기름 두른 팬에 소금 간을 해서 볶는다.
4 실파는 다듬어서 당근과 같은 길이로 썬다.
5 긴 꼬치에 고기, 도라지, 실파, 당근, 표고버섯 순서로 꿴다. 실파의 경우 가는 것은 굵기를 맞추기 위해 아래위를 바꾸어 2개 정도를 나란히 꿴다.
6 꼬치에 꿴 재료 전체에 밀가루를 고루 묻힌 후 여분의 가루를 털어내고 달걀물에 담구었다가 건져 팬에 기름을 두르고 앞뒤로 노릇하게 지진다.

은행단자

찹쌀가루에 은행 간 것을 섞어 반죽한 뒤에 쪄서 꽈리가 일도록 친 떡으로
은행이 맛있는 가을부터 겨울에 제맛이 난다.

| 준비하기 |
찹쌀가루 2컵
소금 약간
은행 1컵
물 1큰술
꿀 ½컵
잣가루 ½컵

| 고명 |
대추 약간

| 만들기 |

1 은행은 미지근한 물에 넣어 속껍질을 벗긴 다음 깨끗이 씻어 물기를 제거한 후 칼로 곱게 다지거나 커터기에 넣어 간다.
2 찹쌀가루에 소금 약간을 섞어 체에 내린 후 은행 간 것을 섞고 물을 고루 뿌린다.
3 찜기에 물기를 꼭 짠 젖은 면보를 깔고 ②를 담아 김오른 찜통에 안쳐 10분 정도 말갛게 익을 때까지 찐다.
4 찹쌀가루 찐 것을 양푼에 담아 꽈리가 일도록 친다. 오래 칠수록 떡이 차지고 쫄깃하다.
5 도마 위에 꿀을 조금 바르고 친 떡을 놓아 8mm 정도 두께로 판판하게 편 다음 떡이 마르지 않게 윗면에도 꿀을 조금 바른다.
6 떡이 식으면 길이 4cm, 너비 2.5cm 크기로 썰어 꿀을 묻히고 앞뒤 골고루 잣가루를 묻힌 후 고명으로 둥글게 썬 대추를 한쪽씩 얹는다.

식혜

되직한 찰밥이나 흰밥에 엿기름 가루를 우린 물을 부어서 삭혀 만든 전통 음료다.

| 준비하기 |
엿기름가루 4컵
찹쌀(또는 멥쌀) 5컵
물 30컵
설탕 3컵
생강 2쪽
유자청 건지 약간
잣 2큰술

| 만들기 |

1 체에 친 고운 엿기름 가루에 물 30컵을 부어 1시간 정도 불린 뒤 바락바락 주물러서 고운 체로 걸러 가라앉힌다.
2 찹쌀이나 멥쌀을 깨끗이 씻어 불렸다가 찜통에 찌거나 또는 된 밥을 지어 뜨거울 때에 전기 보온 밥통에 담고 가라앉혀 둔 엿기름의 웃물만 가만히 따라 내 고운 체에 걸러 붓고 보온으로 맞춰 삭힌다.
3 4~5시간쯤 지나 밥알이 4~5개 정도 뜨면(알맞게 삭은 상태) 보온 밥솥에 있는 것을 몽땅 냄비에 쏟아 잠시 끓인다. 한소끔 끓인 뒤 밥알을 체에 건져 찬물에 씻어 찬물에 담가 놓는다.
4 밥알을 건져 낸 식혜물에 설탕 3컵과 얇게 썬 생강을 넣고 중불에서 1시간 정도 끓인다. 이 때 거품이 생기면 계속 걷어내야 깨끗하다.
5 끓인 식혜물이 한김 식으면 유자청 건지를 조금 넣고 뚜껑을 덮어두어 유자향이 충분히 스며들게 한다.
6 상에 낼 때는 식혜물을 그릇에 뜨고(유자청 건지는 그대로 두고 식혜물만 따라 쓴다) 찬물에 담가 둔 밥알의 물기를 빼서 넣은 뒤에 잣이나 석류알(겨울)을 띄운다.

제 5 부

통과의례 상차림

･･････예(禮)란 한 사회에서 오래전부터 관습적으로 행해지는 사회계약적인 생활규범으로 통과 의례란 사람이 태어나서 죽음에 이르기까지 일생을 살아가는 동안 꼭 거쳐야 할 보편적인 개인 의례 행위를 말한다.

좀 더 구체적으로 얘기한다면 임신, 출생, 백일, 돌, 관례, 혼례, 회갑, 상례, 장례를 거쳐 사후 제사에 이르기까지 적절한 시기에 당사자를 위한 의례를 행하게 되는데 이것을 통틀어 통과 의례라고 하는 것이다.

･･････이들 의례 행위에는 각기 규범화된 의식(儀式)과 음식이 따르게 마련인데 각각의 의례 음식에는 특별한 의미가 담겨져 있으며 상차림에도 그에 따른 특별한 양식이 있다. 물론 시대가 바뀌면서 통과 의례의 절차나 방법에는 많은 변화가 생겼고 점차 간소화되는 추세이긴 하지만 나름대로 그 맥은 아직까지도 이어지고 있다.

여기서는 엄마들이 직접 챙겨줄 수 있기를 바라는 마음으로 백일상과 돌 상차림, 그리고 최소한의 예를 갖추고 그 의미를 깊이 새길 수 있도록 함상과 폐백상에 관해 살펴보았다.

1. 백일·돌 상차림

백일상

백일은 출생 후 100일이 되는 날로 순수하게 아기를 위해 베풀어주는 잔치다. 의학 지식이 부족했던 옛날엔 갓난 아기가 3개월을 넘기지 못하고 사망하는 일이 많았다고 한다. 그래서 백일은 아기가 무사히 한 고비를 넘겼음을 진심으로 축하하고 아울러 무병장수를 기원하는 의례인 것이다.

의례의 습속은 지방에 따라 다르긴 하지만 보편적으로 백일날 아침에는 삼신상에 흰밥과 미역국을 차려 올리며 백설기(흰무리)와 수수팥경단 등의 떡을 해서 친척과 이웃을 대접한다. 특히 백설기는 100명이 나누어 먹어야 명을 사서 오래 산다고 하여 될수록 많은 사람에게 나누어 주는 풍습이 전해져 오며, 수수팥경단은 살풀이를 위한 주술적인 뜻이 담겨있으므로 10살까지 해주면 좋다고 한다. 이 외에도 단단하라는 뜻의 인절미, 속이 꽉 차라고 오색송편을 놓기도 한다.

돌상

옛날에는 질병이 많고 유아 사망률이 높았기 때문에 아기가 첫돌을 맞는다는 것은 성장 초기 과정에서 또 한 고비를 넘겼다는 중요한 의미를 지니며 이를 축하해 주기위해 여느 생일 때보다 성대하게 돌상을 차려주고 음식으로 손님을 접대한다.

아기 돌상에 차려지는 음식은 떡과 과일이 주가 되는데 백설기와 수수팥경단은 꼭 차리고 그 외에 인절미와 송편 등을 놓으며 과일은 제철 과일과 대추 등을 준비한다. 그리고 쌀과 국수, 타래실, 미나리 같은 푸른 야채를 놓는다.

백설기는 아기의 신성함과 정결, 장수를 기원하는 뜻이 담겨져 있으며

수수팥경단은 살풀이를 위한 주술적인 의미가 담겨있는 것으로 액을 막기 위함이다. 특히 10살까지 생일때마다 해주면 아기가 넘어지지 않고 건강하다는 속설이 있다.

찰기가 있는 인절미는 마음이 단단하라는 뜻에서 해주며, 오색송편은 만물의 조화라는 뜻을 담고 있다.

쌀은 부자가 되라는 뜻에서 널찍한 그릇에 담아 가운데에 놓는다.

사과, 배, 대추 등을 그릇에 담아 상 앞쪽에 양쪽으로 놓는데 특히 대추는 자손번창의 의미가 있다.

국수와 흰색 실은 장수를, 청·홍색실은 부부금슬이 좋기를 기원하는 것으로 길게 붉은 색실로 묶어 놓는데 이는 사철 푸르고 수명이 길기를 염원하는 뜻이다.

붓과 벼루, 책은 쌀 오른쪽에 놓으며 문운이 있기를 기원하는 뜻이 담겨져 있고 활과 화살은 쌀 왼쪽에 놓아 무예가 뛰어나기를 기원했으며 여아의 경우는 활과 화살 대신 자나 가위를 놓는데 이는 바느질 솜씨가 뛰어나라는 뜻이다.

돈은 부귀와 영화를 상징한다.

이처럼 돌상에 차려지는 음식들은 모두 저마다 아기의 무병장수와 다재다복을 기원하는 의미가 담겨져 있다.

백일상

　미역국과 흰밥, 백설기, 수수경단으로 차린 백일상.
　백(百)이란 숫자에는 완전, 성숙의 의미가 들어 있으며 꽤 큰 수, 완전한 숫자의 의미가 내포되어 있기도 하다. 따라서 무병장수를 기원하는 의미에서 백일상을 차려주는 습속이 전해져 온다. 특히 백일상에 빠져서는 안될 백설기는 장수와 정결, 신성함을 뜻하며 수수팥경단은 살풀이를 위한 것으로 액막음을 위하여 꼭 차려준다.

돌상

요즘 실정에 맞게 약식으로 차린 돌잡이를 위한 상차림.
상 위에는 음식 이외에 붓과 벼루, 책, 활(男兒의 경우), 돈, 가위(女兒의 경우) 등을 올려 놓고 아기가 무엇을 잡느냐에 따라 아기의 장래를 점쳐보기도 하는데 이것을 돌잡이라고 한다. 옛날 격식을 그대로 따라하지는 못하더라도 돌상에 놓이는 음식들이 저마다 아기의 앞날을 축복하고 기원하는 깊은 의미가 담겨있는 것인 만큼 엄마가 직접 정성과 사랑을 듬뿍 담아 차려준다면 더욱 뜻깊은 상차림이 될 것이다.

미역국

양지머리 국물에 미역을 넣어 끓인 국이다.

| 준비하기 |

마른미역 5g
양지머리 300g
(대파 1대, 마늘 1통, 물 8컵)
참기름 1작은술
집간장 2큰술

| 만들기 |

1 마른미역은 물에 불렸다가 깨끗이 주물러 씻어 3cm 길이로 썬다.
2 양지머리는 찬물에 담가 핏물을 뺀다. 냄비에 물 6~8컵을 붓고 핏물 뺀 양지머리와 대파, 마늘을 넣고 1시간 정도 끓인 후 체에 젖은 면보를 깔고 밭친다. 고기는 건져서 도톰하게 썬다.
3 냄비에 참기름을 두르고 불린 미역을 볶다가 체에 걸러 준비한 양지머리 육수(6컵 정도)를 붓고 고기 썬 것을 넣어 20분 정도 끓인 뒤 집간장으로 간을 맞춘다.

백설기

멥쌀가루에 맛을 더하여 시루에 찐 떡이다.

| 준비하기 |

멥쌀가루 5컵
소금 ½큰술
설탕 ½컵
물 4큰술
꿀 2큰술

| 만들기 |

1 멥쌀은 깨끗이 씻어 일어서 물에 12시간 정도 불렸다가 건져, 소금을 넣고 빻아 체에 내려서 고운 쌀가루를 만든다.
2 체에 내린 쌀가루에 설탕과 물, 꿀을 넣고 양손으로 싹싹 비벼 섞어 체에 다시 한번 내린다.
3 찜통에 젖은 면보를 깔고 ②의 쌀가루를 안치고 맨 위는 손으로 솔솔 뿌려 고르고 편편하게 한 다음, 베보자기를 물에 적셔 시루 위를 덮고 불에 올려 김이 오르면 약 40분 정도 푹 쪄 낸다.
4 뜸이 잘 들었으면 시루를 엎어서 면보를 떼어내고 식혀 뜨거운 김이 한김 나간 후에 담는다.

수수경단

차수숫가루를 반죽하여 빚어 삶아 냉수에 건져 팥고물을 묻힌 떡이다.
백일부터 9살까지 생일에 수수경단을 해주면 액을 면할 수 있다는 풍속이 있다.

| 준비하기 |
차수수 3컵(수숫가루 6컵 정도)
소금 ½큰술
끓는 물 1~1½컵

| 고물 |
붉은 팥 1½컵
소금 약간

| 만들기 |

1. 수수는 하룻밤 물에 불렸다가 여러 번 물을 갈아가며 손으로 박박 문질러 씻어 붉은 물을 우려내고 체에 건져 물기를 뺀 뒤 소금을 약간 넣고 가루를 내어 체에 친다.
2. 붉은 팥은 씻어 물을 넉넉히 붓고 끓여 첫물을 따라내고 다시 3~4컵 정도 물을 붓고 푹 무르도록 삶아 수분을 날린 뒤(물이 남아있으면 따라 버리고 잠깐 뜸을 들인다) 절구에 소금을 넣고 찧은 후 굵은 체에 내린다. 팥고물은 넓은 쟁반에 펴 놓아 질어지지 않게 한다.
3. 수숫가루에 끓는 물을 조금씩 부어가며 익반죽하여 지름 2cm 정도로 둥글게 빚는다.
4. 냄비에 물을 넉넉히 부어 팔팔 끓으면 빚은 경단을 넣어 삶는다. 경단이 익어 물 위로 떠오르면 바로 건져 찬물에 헹궈 체에 건져 물기를 뺀다.
5. 준비한 팥고물에 삶은 경단을 굴려 골고루 묻힌다.

찹쌀경단

찹쌀가루를 익반죽하여 둥글게 빚어 콩고물을 묻힌 경단이다.

| 준비하기 |
찹쌀가루 4컵
소금 1작은술
끓는 물 4~6큰술

| 고물 |
콩고물 1컵, 소금 약간

| 만들기 |

1. 찹쌀은 물에 불렸다가 소금을 넣고 빻아 가루를 내어 체에 친다.
2. 체에 친 찹쌀가루에 끓는 물을 넣어 익반죽하여 지름 2cm 정도 크기로 둥글게 빚는다.
3. 빚은 경단을 펄펄 끓는 물에 삶아 찬물에 담갔다가 건져 물기를 뺀 뒤 콩고물을 묻힌다.

2. 함상

전통 혼례 절차를 보면 우선 혼담이 오가고 양가가 혼인을 허락하게 되면 신랑 집에서는 신랑의 사주를 적어 신부 집에 보내고 이에 신부 집에서는 혼인날짜를 잡게 된다.

그리고 나면 신랑 쪽에서는 신부 쪽에 납폐를 하게 되는데 납폐(함 보내기)란 폐백을 보낸다는 뜻이며 여기서 폐백은 예물을 의미한다. 즉, 신랑 쪽에서 신부 쪽에 예물을 보내는 절차를 납폐라고 하며, 신부 쪽에서는 이를 두고 '함을 받는다'라고도 한다. 또 옛날엔 예물로 비단을 보냈기 때문에 채단이라고도 한다. 물론 요즘엔 함속에 넣어 보내는 예물의 종류와 형태가 많이 변하긴 했지만 아직까지 함을 보내고 받는 절차는 명맥을 유지하고 있다.

납폐를 보낼 때는 신랑 쪽에서는 함진아비를 대동하고 등불을 밝혀 친구들과 함께 신부집으로 향하고 이때 신부집에서는 납폐를 받을 장소를 마련하고 상 위에 붉은 보로 덮어둔다. 그 위에 떡시루를 올려 놓고 함진아비가 가져 온 납폐를 받아 떡시루 위에 올려놓는데 이 떡을 봉치떡이라고 하며 부부화합을 상징한다. 봉치떡은 반드시 찹쌀가루와 붉은 팥고물로 두켜의 떡을 안치고, 그 중앙에다 대추를 얹어 쪄서 시루째 올려 놓는다.

그리고 다른 음식은 함을 지고 온 함진아비와 신랑, 신부 친구들이 어울려 서로 담소를 나누며 먹을 수 있는 것으로 준비하면 된다.

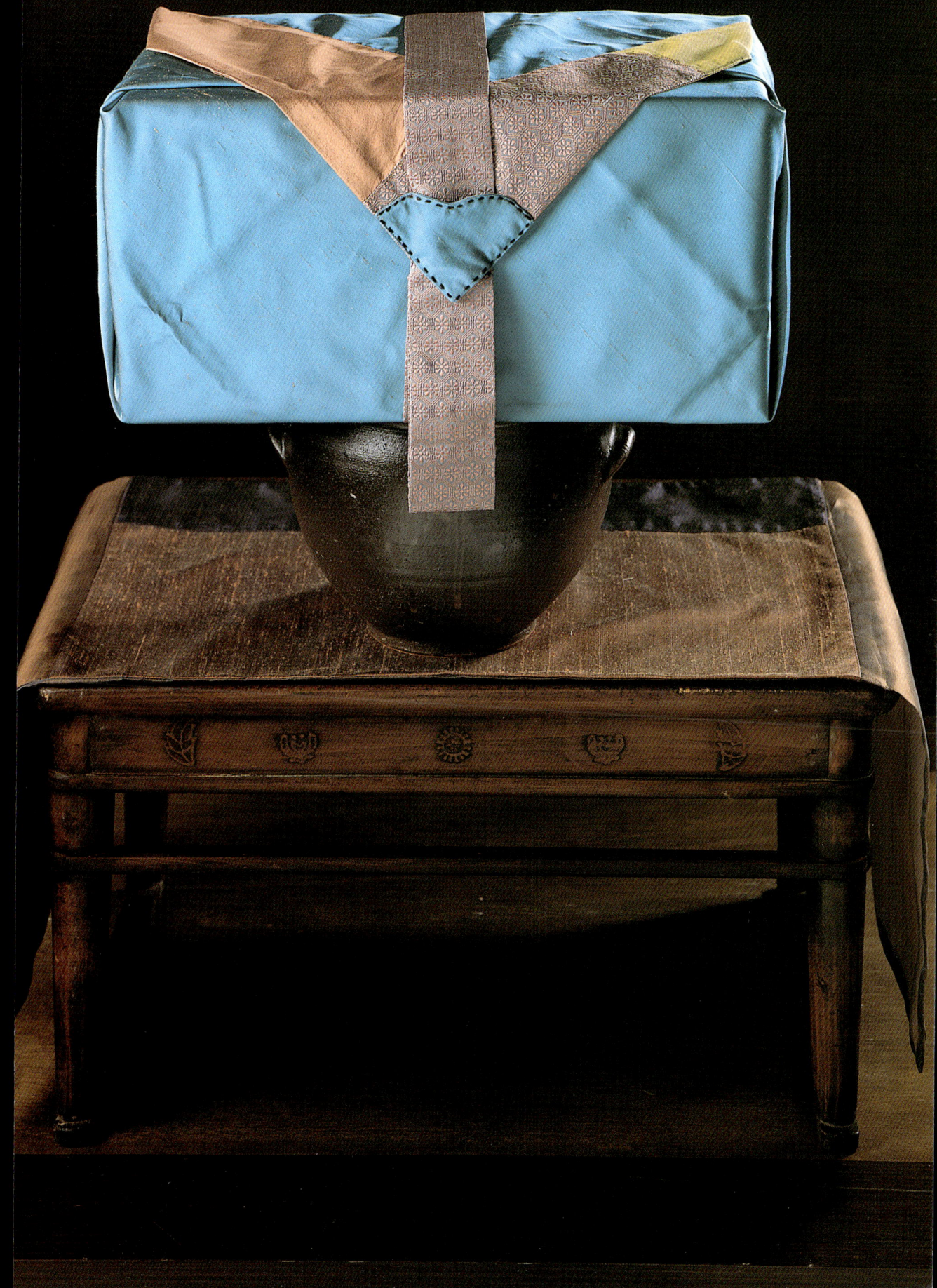

3. 폐백상

폐백은 원래 시부모에게만 드리는 예를 의미한다. 대청에 병풍을 둘러친 다음 주안상을 앞에 놓고 시아버지는 동쪽, 시어머니는 서쪽에 앉아 며느리의 인사를 받는데 이때 장만하는 음식이 폐백음식이다.

신부가 준비해간 대추, 밤, 육포 등의 음식을 차려 놓고, 시가 어른들에게 근친의 순서로 큰절을 하고 술 한잔씩을 따라 올리면 어른들은 이를 드시고는 신랑 신부에게 덕담을 해주신다. 이때 시어른께서 신부에게 대추를 던져주시는 것은 자손 번창을 소원하는 뜻이 담겨 있다.

폐백상에는 기본적으로 술과 대추, 육포(또는 닭고기)를 준비하며 그 외에 구절판을 비롯해 술안주가 될만한 여러 가지가 더해지기도 하는데 지방마다, 또 집안마다 혼례음식은 독특하게 발달하였다.

구절판 만들기

밤초

| 준비하기 |

밤 20개
설탕 ⅓컵
소금 약간
꿀 3큰술
계핏가루 약간

| 만들기 |

1 밤은 중간 정도 크기의 싱싱한 것으로 골라서 속껍질까지 말끔히 벗겨 물에 잠시 담가두었다가 끓는 물에 살짝 데친다.
2 냄비에 데친 밤을 담고 밤이 살짝 잠길 정도로 물을 부은 뒤 분량의 설탕과 소금을 약간 넣어 중불에서 끓인다.
3 끓어오르면 불을 줄이고 거품을 걷어내면서 밤이 노르스름해질 때까지 조린다.
4 냄비에 설탕물이 2~3큰술 정도 남으면 꿀과 계핏가루를 넣고 고루 섞어 잠깐 조린 후 불을 끈다. 조린 밤은 체에 밭쳐두었다가 여분의 시럽을 뺀 뒤 그릇에 담는다.

잣솔

| 준비하기 |

잣 2큰술
솔잎 한줌
붉은 색실 약간

| 만들기 |

1 잣은 굵은 것으로 골라 고깔을 떼고 젖은 면보로 먼지를 닦는다.
2 솔잎은 색이 파랗고 싱싱한 것으로 골라서 젖은 행주로 비벼서 깨끗이 닦는다.
3 잣의 뾰족한 부분에 솔잎을 꿰어서 다섯 잎씩 모아 끝에서 3cm 정도 위치를 붉은 색실로 묶는다. 가위로 솔잎의 끝을 가지런히 잘라내고 그릇에 담는다.

호두튀김

| 준비하기 |

호두 알맹이 1컵
녹말가루 2큰술
튀김기름 2컵
소금 약간

| 만들기 |

1 호두 알맹이는 되도록 크고 부서지지 않은 것으로 골라 반을 갈라서 가운데의 딱딱한 심을 떼어낸다.
2 따뜻한 물에 손질한 호두를 넣어 약 5분쯤 두어 살짝 불면 호두 알맹이가 부서지지 않게 조심해서 대꼬치로 살살 껍질을 벗긴다.
3 껍질 벗긴 호두에 녹말가루를 고루 묻혀 고운 체에 담아 흔들어서 여분의 가루는 털어낸다.
4 튀김 팬에 기름을 부어 중온으로 열이 오르면 녹말가루를 묻힌 호두를 넣어 노릇하게 튀겨 체에 건진다. 기름이 빠지면 소금을 고루 뿌려 그릇에 담는다.

은행볶음

| 준비하기 |

은행 1컵
소금 약간
식용유 적당량
꽂이

| 만들기 |

1 열이 오른 팬에 기름을 약간 두르고 은행을 넣어 볶아 은행 껍질이 툭툭 터지기 시작하면 소금을 뿌려 볶은 뒤 키친타월 위에 쏟아 문질러 껍질을 벗긴다.
2 껍질을 벗긴 은행을 꽂이에 3개씩 꽂아 담는다.

육포

| 준비하기 |

육포 100g
잣 3큰술
꿀 또는 조청 2큰술

| 만들기 |

1 육포는 불에 살짝 구워 사방 1.5cm크기로 썬다(육포 만들기는 P.141 겨울초 대상 참조).
2 잣은 고깔을 떼어낸 뒤 도마 위에 키친타월을 두둑히 접어 깔고 곱게 다진다. 키친타월을 깔아야 사방으로 튀지 않고 기름도 자연스럽게 흡수된다.
3 준비한 육포는 끝부분을 0.5cm 정도 꿀(또는 조청)에 담구었다가 건져 잣가루를 묻힌다.

대추초

| 준비하기 |

대추 20개
잣 3큰술
꿀 3큰술
계핏가루 ⅓작은술

| 만들기 |

1 대추는 깨끗한 면보를 물에 적셔 물기를 꼭 짠 뒤 먼지를 닦아내고 작은 칼로 돌려깎기하여 씨를 발라낸다(대추가 마른 것은 청주를 조금 뿌려서 뚜껑을 덮어 2~3시간 정도 두어 부풀어서 주름이 펴지게 한다).
2 씨를 뺀 대추에 고깔을 뗀 잣을 2~3알씩 넣고 끝에 꿀(분량 외)을 조금씩 발라 대추 모양대로 아무린다.
3 냄비에 ②의 대추를 넣고 꿀을 넣어 약한 불에서 저어가면서 서서히 조린다. 대추가 윤기나게 조려지면 계핏가루를 뿌려 골고루 섞어준다.

육포다식

| 준비하기 |
육포가루 1컵
꿀 4큰술
참기름

| 만들기 |
1 준비된 육포는 불에 살짝 구워 믹서에 갈아 고운 가루로 준비한다.
2 육포 가루에 꿀을 넣고 잘 개서 뭉쳐질 정도로 반죽한다.
3 다식판에 기름을 살짝 바르고 육포 반죽을 조금씩 떼어 꼭꼭 눌러 박아낸다.

새우다식

| 준비하기 |
마른 새우가루 1컵
꿀 4큰술
참기름 약간

| 만들기 |
1 마른새우는 까슬까슬한 다리와 수염 등을 떼내고 껍질을 벗긴다.
2 손질한 마른새우를 분쇄기에 곱게 갈아 가루를 낸 뒤 꿀을 넣어 잘 개서 꼭꼭 뭉쳐질 수 있게 반죽한다.
3 다식판에 기름칠을 하고 부서지지 않게 새우반죽을 꼭꼭 눌러 박아낸다.

곶감쌈

| 준비하기 |
주머니곶감 10개
호두 10개

| 만들기 |
1 호두 알맹이는 따뜻한 물에 잠시 불려 대꼬치로 속껍질을 벗기고 가운데 단단한 심도 뺀다.
2 곶감은 말랑한 주머니곶감으로 준비해 한쪽 끝부분만 갈라서 씨를 뺀 뒤 넓적하게 쭉 편 후 손질한 호두를 씨 뺀 자리에 놓고 꼭꼭 만다.
3 곶감쌈을 0.5cm 두께로 썰어 얌전히 담아낸다.

참고문헌

* 「한국음식대관」, 한복려 外 6인, 한림출판사, 2002년
* 「조선왕조 궁중음식」, 황혜성, 사단법인 궁중음식연구원, 1994년
* 「조후종의 우리 음식 이야기」, 조후종, 한림출판사, 2001년
* 「한국요리문화사」, 이성우, 교문사, 1985년
* 「우리나라 음식 만드는 법」, 방신영, 1939년
* 「한국의 맛」, 강인희, 대한교과서, 1987년
* 「한국의 죽」, 전정원 外 6인, 2001년
* 「맛있는 보약요리백과」, 전정원, 효성출판사, 1997년